Hildebrand Henatsch

Sonne der Gerechtigkeit

Hildebrand Henatsch

Sonne der Gerechtigkeit

Steinmann

Dieses Buch widme ich meinen Freunden und Mitarbeitern, die mir geholfen haben, als Pastor meine Projekte im Sinne sozialer Gerechtigkeit – soweit ich es vermochte – durchzuführen.

Danken möchte ich Inga von Thomsen und Edle Pfeiffer für ihr Lektorat, Dr. Werner Steinmann für Durchsicht und Druck meines Buches und Volker Schenk für seine Korrekturhinweise.

Erste Auflage

ISBN 978-3-927043-68-8
Covergestaltung: Elsa von Rahden, Fischerhude
Titelabbildung: Foto © Helmut Mühlbacher
Autorenfoto: Hildebrand Henatsch, privat
Herstellung: BoD - Books on Demand, Norderstedt

www.steinmannverlag.de

Inhaltsverzeichnis

Einleitung: Welche Gerechtigkeit ist gemeint?

Sonne der Gerechtigkeit, gehe auf zu unsrer Zeit ...

Mit diesem Ruf beginnt eines meiner mir lieben Lieder im Evangelischen Gesangbuch (EG 263). Es heißt dann weiter: „Brich in deiner Kirche an, dass die Welt es sehen kann. Erbarm dich Herr." Und der folgende Vers bittet: „Weck die tote Christenheit aus dem Schlaf der Sicherheit."

Wenn wir heute von Gerechtigkeit reden bzw. sie fordern, meinen wir die Gerechtigkeit in unserer Gesellschaft. Wohl zu kaum einer anderen Zeit ist die Forderung nach Gerechtigkeit so dringlich gewesen. Was heute an Reichtum erwirtschaftet wird, kommt nur Wenigen zugute. Die Schere zwischen Reichen und Armen öffnet sich immer weiter. Und: Die Ungerechtigkeit in so genannten „Ländern der 3. Welt" führt dazu, dass Menschen ihre Heimat verlassen und als Flüchtlinge zu uns kommen. Immer dringlicher wird auch weltweit die Frage nach der Gerechtigkeit als Gleichberechtigung zwischen Mann und Frau. Welchen Auftrag haben wir als Kirche oder Christen angesichts der Not, die die Ungerechtigkeit mit sich bringt?

Was bedeutet der Weckruf: „Sonne der Gerechtigkeit, weck die tote Christenheit aus dem Schlaf der Sicherheit. Brich in deiner Kirche an, dass die Welt es sehen kann." Es geht in diesem Lied um Gottes Gerechtigkeit.

In meinem Buch will ich der Frage nachgehen, wie die Gerechtigkeit von Gott ursprünglich verstanden wurde. Wie hat sich dann der Begriff in seiner Zielsetzung gewandelt? Wie sollten wir Gottes Gerechtigkeit heute verstehen? Ich erhebe dabei nicht den Anspruch einer umfassenden Darstellung dieses Themas. Sondern ich will einige Phasen und Schwerpunkte der geschichtlichen Entwicklung herausstellen, die mir besonders wichtig erscheinen.

Seit der Reformation, deren 500-jähriges Jubiläum wir 2017 feiern, verbinden wir mit dem Begriff der „Gerechtigkeit Gottes" die „Gerechtigkeit aus Glauben", die Martin Luther gegen die so genannte „Werkgerechtigkeit" der damaligen Kirche behauptete. Sowohl bei der „Gerechtigkeit aus Glauben" wie bei der „Werkgerechtigkeit" handelt es sich um eine Gerechtigkeit „vor Gott". In beiden Fällen ist eine Gerechtigkeit gemeint, die Gott in seinem Gericht vom Menschen einfordert. In der so genannten „Werkgerechtigkeit" geht es dabei um die guten Werke, die der Mensch als „Bußleistung" für seine Sünden erbringen muss. Nach Luthers Auffassung dagegen können keine noch so guten Werke die Sünde des Menschen tilgen, sondern allein der Opfertod Jesu Christi am Kreuz erbringt die Sühne der menschlichen Schuld. Somit wird der Mensch „allein durch den Glauben", der sich auf die durch Jesus Christus geschehene Erlösung richtet, vor Gott gerecht.

Können wir heute weiterhin im Sinne Luthers die „Gerechtigkeit aus Glauben“ verkünden? Oder muss es uns heute auch als Kirche nicht vor allem um Gottes Gerechtigkeit als Forderung gerechten Handelns in unserer Gesellschaft gehen?

I. Die prophetische Forderung der Gerechtigkeit

Im Lied „Sonne der Gerechtigkeit“ wird sehr schnell eine Gerechtigkeit deutlich, die uns zum gerechten Handeln auffordert. Gut möglich, dass Christian David, von dem das Lied stammt, den Vers angesichts des Flüchtlingselends der vertriebenen Böhmischen Brüder gedichtet hat als Aufruf an seine Kirche, sich dieses Elends anzunehmen. Nicht von ungefähr entnimmt er das Bild der Gerechtigkeit als einer aufgehenden Sonne dem Propheten Maleachi. Dort heißt es: „Euch aber, die ihr den Namen Gottes fürchtet, soll aufgehen die Sonne der Gerechtigkeit“ (Mal 3,20). Auch bei anderen Propheten des Alten Testaments ist Gerechtigkeit ein Gebot Gottes, in dem das Volk Israel dazu aufgefordert wird, sich für gerechte Verhältnisse im Lande einzusetzen. Ein Gottesglaube ohne den gleichzeitigen Gehorsam gegenüber dieser Forderung nach Gerechtigkeit ist kein wahrer Glaube. Unerbittlich geißelt der Prophet Amos im Auftrag Gottes die Ungerechtigkeit seines Volkes: Die Reichen unterdrücken die Armen und fordern ungebührliche Abgaben von den ausgebeuteten Bauern. Dabei wendet sich Amos gleichzeitig gegen einen Gottesdienst, der sich im Opfer- und Festkult erschöpft. So spricht Gott: „Ich bin eurer Feiertage gram und mag eure Versammlungen nicht. Ich habe kein Gefallen an fetten Dankopfern. Tut weg das Geplärr eurer Lieder; ich mag euer Harfenspiel nicht. Es ströme aber das Recht wie Wasser und die Gerechtigkeit wie ein nie versiegender Bach" (Amos 6,21 u. 29).

Ähnlich prangert der Prophet Jesaja einen Gottesdienst als Opferpraxis an. Nicht das Opfer von Tieren findet Gottes Wohlgefallen, sondern: „Lernt Gutes tun, trachtet nach Recht, helft den Unterdrückten, schafft den Waisen Recht und führt der Witwen Sache" (Jes 1,1-17). Die Zukunft, die der Prophet Jesaja im Namen Gottes verheißt, wird ein Friedensreich sein, in dem – bildlich gesprochen – Wolf und Lamm, Panther und Schaf, Kuh und Bär friedlich zusammen leben. Es gibt keine Gewalt mehr. Die Menschen werden miteinander in Frieden leben. Aus dem Geschlecht David wird ein neuer Herrscher hervorwachsen, ein gerechter König, der den Armen und Elenden im Lande Gerechtigkeit widerfahren lässt. „Gerechtigkeit wird der Gurt seines Lebens sein" (Jes 11,5).

Der Prophet Micha sieht den Berg Zion als Wallfahrtsort, zu dem die Völker einst ziehen werden, um Frieden zu lernen: „Sie werden nicht mehr lernen, Krieg zu führen", sondern werden „Schwerter zu Pflugscharen" und „Spieße zu Sicheln schmieden". „Ein jeder wird unter seinem Weinstock und Feigenbaum wohnen" (Micha 4, 3 u. 4). Auch die Prophetie in der Zeit nach dem babylonischen Exil prangert die sozialen Missstände an und ermahnt das Volk: „Brich dem Hungrigen dein Brot und die im Elend und ohne Obdach sind, führe in dein Haus. Wenn du einen nackt siehst, dann kleide ihn. Dann wird dein Licht hervorbrechen wie die Morgenröte, und deine Heilung wird schnell voranschreiten“ (Jes 58,7).

Fand die Forderung nach Gerechtigkeit, wie sie im Namen Gottes von den biblischen Propheten erhoben wurde, Gehör? Wurde der Zion ein Hort der Gerechtigkeit und des Friedens, zu dem die Völker ziehen, um dort Frieden zu lernen?

Im weiteren Verlauf der Geschichte des Volkes Israel und im letzten Teil des Alten Testamentes erlischt die prophetische Gerechtigkeitsforderung und -verheißung. An ihre Stelle tritt bei den Propheten Haggai und Sacharia die Forderung, den Tempel in Jerusalem wieder aufzubauen und die kultischen Gesetze einzuhalten. Aus der Gerechtigkeit als gerechtem Handeln, das den Armen und Elenden in ihrer Not hilft, wird eine Gerechtigkeit vor Gott, die in der genauen wortgetreuen Erfüllung von kultischen Geboten und Lebensregeln besteht. Gerecht ist der Fromme, der sich diesen Geboten unterwirft.

Diese am Tempelkult orientierte Frömmigkeit kann dann auch zu großer Ungerechtigkeit in weltlichem Sinne führen: Als Angehörige des Volkes Israel aus dem Exil zurückkehren, sind Männer mit so genannten „fremdstämmigen“ Frauen verheiratet. Sie hatten Frauen im Exil geheiratet, die von ihrer Abstammung her nicht zum Volk Israel gehörten. In der sich neu bildenden Kultgemeinde verbot das Kultgesetz aber die Zugehörigkeit von „Fremdstämmigen". Der Stadthalter Nehemia setzt daher als Gebot Gottes durch, dass die Männer ihre fremdstämmigen Frauen samt ihren Kindern aus der Ehe zu entlassen haben (Neh 13,1-3.23-28).

Mit dieser kultisch orientierten Gesetzlichkeit verbindet sich die unter persischem Einfluss im 3. Jh. v. Chr. in Israel entstehende Apokalyptik. Während die Verkündigung der Propheten die Erfüllung der Hoffnung auf Gerechtigkeit in einer innerweltlichen – vermutlich nahen – Zukunft erwartete, richtet die Apokalyptik im Buch Daniel den Blick auf das Ende der Zeit und Welt. Am Ende der Zeit werden die ungerechten, gewalttätigen Reiche dieser Welt vergehen. Der „Menschensohn" wird auf den Wolken des Himmels erscheinen. Ihm ist alle Macht über alle Reiche gegeben. „Seine Macht ist ewig und sein Reich hat kein Ende" (Dan 7,27). Die Zeit dieser Welt aber bleibt voller Gewalt und Ungerechtigkeit. Der Glaube an Gott zieht sich gleichsam zurück in den kultischen Gottesdienst. Die Hoffnung der Frommen besteht darin, durch das genaue Einhalten der vorgeschrieben Kultgesetze zu den Auserwählten im zukünftigen Reich des „Menschensohnes" zu gehören.

Im weiteren Verlauf der Geschichte des Volkes Israel bilden sich verschiedene ordensähnliche Gruppen heraus – die Essener, Pharisäer, Sadduzäer –, die miteinander hinsichtlich der genauen Auslegung und Befolgung der Gesetze wetteifern bzw. streiten. Wer die Gesetze nicht oder nur unzureichend befolgt, wird aus der Religionsgemeinschaft als „Sünder“ ausgeschlossen.

II. Gerechtigkeit Gottes in der Verkündigung Jesu und in der frühen Kirche

Ein neuer Aufbruch der Gerechtigkeit im Sinne eines gerechten Handelns in der Welt – man könnte mit der Liedstrophe sagen: ein neuer „Aufgang der Sonne der Gerechtigkeit“ – ereignet sich im Leben und in der Verkündigung Jesu.

Schon die Bußpredigt Johannes des Täufers handelt nicht mehr von der Einhaltung der am Kult orientierten Gesetze. Als die Leute, die zu Johannes in die Wüste kamen, um sich taufen zu lassen, fragten: „Was sollen wir denn tun?“, antwortet Johannes mit einleuchtenden Geboten, die der Gerechtigkeit der Menschen untereinander dienen: Wer viel besitzt soll denen etwas abgeben, die arm sind; die Zöllner sollen sich nicht an der Einnahme der Zölle bereichern, sondern nur den vorgeschrieben Zoll verlangen; Soldaten sollen niemandem Gewalt antun (Lk 3,10-14).

Weitreichender und provozierender verkündet und lebt Jesus die Gerechtigkeit Gottes als vorbehaltlose Liebe. Nachdem Jesus sich von Johannes hat taufen lassen, bleibt er nicht bei ihm in der Wüste, sondern zieht nach Galiläa – dorthin, wo Menschen wohnen und arbeiten. Er geht zu denen, die als „Sünder“, Kranke oder, weil sie Frauen waren, aus der Gemeinschaft der Frommen ausgeschlossen wurden. Ihnen verkündigt er die Nähe des Reiches Gottes. Und dies tut Jesus nicht nur mit Worten, sondern auch durch Taten. Er isst mit den verachteten Zöllnern und hat mit ihnen Gemeinschaft. Er heilt Kranke. Frauen, die als „Sünderinnen" verrufen waren, würdigt er um ihrer Liebe willen. Anders als bei den Propheten, die gerechtes Handeln mit Worten forderten, beglaubigt Jesus seine Worte durch sein Tun und Verhalten. Anders als die Propheten und Johannes, die die Forderung nach Gerechtigkeit mit der Drohung des nahen Gerichtes Gottes verbanden, verkündet Jesus die Nähe des Reiches Gottes nicht als apokalyptisches Endgericht. Sondern Gottes Reich ereignet sich in seinem heilenden Tun. Auf die Frage der Johannesjünger, ob er „der sei, der da kommen soll", antwortet Jesus mit dem Hinweis auf seine Heilungen: „Blinde sehen, und Lahme gehen, Aussätzige werden rein und Taube hören, Tote stehen auf, und den Armen wird das Evangelium verkündet" (Mt 11, 3-5).

Oder: „Wenn ich die bösen Geister durch den Geist Gottes austreibe, so ist ja das Reich Gottes zu euch gekommen" (Mt 12,28). Auf die Frage, wann das Reich Gottes kommt, antwortet Jesus: „Das Reich Gottes kommt nicht so, dass man es beobachten kann; man wird nicht sagen können: Siehe hier ist es, oder da ist es! Denn siehe, das Reich Gottes ist mitten unter euch" (Lk 17,20.21). Um sein gerechtes Handeln an den Armen, Kranken und Sündern zu rechtfertigen, setzt sich Jesus mit dem Gesetzesverständnis der Pharisäer auseinander. Als er am Sabbat mit seinen Jüngern durch ein Kornfeld geht und seine Jünger ihren Hunger mit Körnern stillen, die sie aus den Ähren raufen, stellen die Pharisäer Jesus zur Rede. Er lasse etwas zu, was nach den strengen Sabbatgesetzen verboten sei. Darauf antwortet Jesus mit den bekannten Worten: „Der Sabbat ist um des Menschen willen gemacht und nicht der Mensch um des Sabbat willen“ (Mk 2,27). Und im folgenden Kapitel kommt am Sabbat ein Mensch mit einer verdorrten Hand zu Jesus, um sich heilen zu lassen. Die Pharisäer warten darauf, dass Jesus mit der Heilung der Hand das Sabbatgesetz übertritt, um ihn anzuklagen. Darauf wendet sich Jesus an die Umstehenden und fragt: „Soll man am Sabbat Gutes tun oder das Gute unterlassen, soll man Leben erhalten, oder jemanden sterben lassen?“ Darauf spricht er zu dem Menschen: „Strecke deine Hand aus!“ Und Jesus heilt sie.

Gottes Wille ist in der Verkündigung Jesu das Tun des Guten. Nicht das noch so fromme Bekenntnis zu Gott oder zu Christus als dem Herrn, nicht die Weissagung im Namen Gottes lassen den Menschen am Himmelreich teilhaben. Sondern „in das Himmelreich“ werden die kommen, die den Willen Gottes tun (Mt 7,21-23).

Jesus warnt vor den „falschen Propheten“, die in Schafskleidern daher gehen aber inwendig „reißende Wölfe“ sind. So wie man den guten Baum an seinen genießbaren Früchten erkennt, so erkennt man den Charakter eines

Menschen nicht an dem, was er redet, sondern an dem, was er tut (Mt 7,15-19). In aller Schärfe wendet sich Jesus daher gegen die Schriftgelehrten und Pharisäer, die für sich in Anspruch nehmen, auf „dem Stuhl des Mose“ (Mt 23,2) zu sitzen. Denn sie tun nicht, was sie sagen. Mit ihren Worten legen sie den Menschen Gesetze auf, die unerträglich schwer zu halten sind, aber selbst „krümmen sie dafür keinen Finger“ (Mt 23,4). Ihr Tun ist dazu da, um von den Leuten gesehen zu werden. Sie sitzen gerne oben am Tisch und möchten von den Leuten gesehen und Rabbi genannt werden. Aber ihr Tun ist Heuchelei. Sie ersinnen die schwierigsten Vorschriften, aber das Wichtigste im Gesetz beachten sie nicht: das Recht, die Barmherzigkeit und das Vertrauen. Sie sind wie schön geschmückte Gräber, aber innen sind sie voller „Totengebeine und Unrat“ (Mt 23,23).

Worauf es ankommt, sagt Jesus unmissverständlich im Gleichnis vom so genannten „Weltgericht“ (Mt 25,31-46). Im Gericht am Ende der Zeit werden die Menschen am gerechten Tun gemessen: dass sie Hungrige speisen und Durstigen zu trinken gegeben, dass sie Nackte bekleiden und Kranke und Gefangene besuchen. Was sie einem der geringsten Brüder tun, haben sie für Jesus getan. Und was sie einem dieser Geringsten nicht tun, haben sie nicht für Jesus getan. Nicht im noch so frommen Gesetz oder Gedanken begegnet uns Jesus, sondern in dem Menschen, der unsere Hilfe und Nähe braucht.

„Selig" – dem Himmel nahe – sind die geistlich Armen, die sich nichts auf ihre Frömmigkeit einbilden; selig sind die Mitleidenden, die Sanftmütigen, die Barmherzigen; selig sind, die nach Gerechtigkeit hungern und dürsten und die um der Gerechtigkeit willen verfolgt werden; selig sind die reinen Herzens sind, die sich und anderen nichts vormachen; selig sind die Friedensstifter. Sie werden Gottes Töchter und Söhne heißen (Mt 5,1-10).

1. Welchen Stellenwert hat die Forderung der Gerechtigkeit in der frühen Verkündigung der christlichen Gemeinde?

Der Apostel Paulus versteht die Gemeinde zum einen als Leib Christi. Er ermahnt sie, im Sinne Jesu zu leben und den gekreuzigten und auferstandenen Herrn in dieser Welt zu verkündigen. Christen sollen sich nicht „dieser Welt gleichstellen". Sie sollen neuen Sinnes werde, indem sie sich für das „Gute, Wohlgefällige und Vollkommene" einsetzen. Das sei ihr „vernünftiger Gottesdienst" (Röm 12,1ff).

2. In Röm 13 führt der Apostel im Einzelnen aus, worin der „vernünftige Gottesdienst" besteht: Das Böse soll nicht mit Bösem vergolten werden. Christen sollen sich nicht nach denen „da oben" orientieren, sondern sich der Geringen annehmen. Nach Möglichkeit sollen Christen mit allen Menschen Frieden halten. Alles Handeln hat sich letztlich am Gebot der Liebe zu orientieren. Denn die Lie-

be ist die Erfüllung des Gesetzes. Gerechtigkeit, so könnte man die Ermahnungen des Apostels interpretieren, vollzieht sich als individuelles Handeln im zwischenmenschlichen Bereich. Es geht nicht darum, die Gesellschaft in dem Sinne zu verändern, dass man dabei mit der Obrigkeit in Konflikt gerät oder sich ihr widersetzt. Vielmehr heißt es in Röm 13,1ff: „Jedermann sei untertan der Obrigkeit, die Gewalt über ihn hat“. Denn jede Obrigkeit ist von Gott verordnet. Wer sich der Obrigkeit widersetzt, der widersetzt sich der Anordnung Gottes. Der Christ soll sich um das Tun des Guten bemühen, dann wird er von der Obrigkeit auch Lob erfahren. Dabei setzt der Apostel voraus, dass diese das Gute und Gerechte für ihre Untertanen will.

Was aber, wenn eine Obrigkeit sich als ungerecht erweist, wenn sie die Menschen unterdrückt? Dazu äußert sich der Apostel nicht.

Eine andere Bedeutung erhält der Begriff der Gerechtigkeit bei Paulus, wenn er den Kreuzestod Jesu als Sühnopfer deutet. In Röm 3,21-28 führt der Apostel diese Sühnopfervorstellung aus: Gott hat um seiner Gerechtigkeit willen seinen Sohn als Opfer für die Sünden der Menschen in den Tod am Kreuz dahingegeben. Gerechtigkeit wird hier nicht als gesellschaftliche Beziehung der Menschen untereinander, sondern als eine Beziehung im Verhältnis des Menschen zu Gott verstanden. Gott ist gerecht, d.h. er verlangt die Gerechtigkeit um seiner eigenen Gerechtigkeit willen. Da der Mensch ein Sünder ist und dieser geforderten Gerechtigkeit nicht genügt, muss ein Sühnopfer erbracht werden, damit der göttlichen Forderung nach Gerechtigkeit Genüge getan ist.

Somit verändert sich die Zielrichtung der Gerechtigkeit. Gerechtigkeit zielt nun ab auf das Endgericht Gottes. Damit der Mensch vor diesem Gericht bestehen kann, bedarf es des Opfertodes Jesu Christi. Wurde Gerechtigkeit als Forderung der Propheten und in der Verkündigung Jesu als Heil für diese Welt verstanden, richtet sich die Gerechtigkeit vor Gott auf das jenseitige Heil des Menschen. Das Heilsverständnis im Sinne einer gerechten Gemeinschaft oder Gesellschaft wandelt sich zu einem individuellen Heilsverständnis, in dem es um das Seelenheil des Einzelnen geht.

3. Dieses Heilsverständnis setzt sich fort und verstärkt sich, je weiter sich das Christentum in der hellenistischen Welt ausbreitet, und hier durch die hellenistische Glaubensströmung der Gnosis beeinflusst wird. Bestimmend für die gnostische Weltsicht ist der Dualismus von Licht und Finsternis. Diese Welt unterliegt den Mächten der Finsternis, wird aber umfangen von der jenseitigen Welt des göttlichen Lichtes. Mit seinen sinnlichen Begierden und in seinem Streben nach Macht ist der Mensch eingebunden in die Macht der Finsternis. Mit der Welt des

Lichtes verbindet ihn der innere Lichtfunke, der erweckt werden muss. Diese Erweckung vollbringt der aus der Welt des Lichtes herabgestiegene Gottessohn. Er sammelt die Seinen, um sie der Welt des Lichtes zuzuführen. Durch den Einfluss der Gnosis wird Jesus Christus, ursprünglich der Sohn des Zimmermanns, als Gottessohn verstanden, der – geboren von der Jungfrau Maria – mit seiner Auferstehung von den Toten zurückkehrt in die himmlische Welt Gottes. Für den Christen kommt es nun darauf an, mit dem auferstandenen Christus verbunden zu sein und seiner Heilsgemeinde anzugehören. Daher die Ermahnung im Kolosserbrief: „Seid ihr nun auferstanden mit Christus, so trachtet nach dem, was droben ist, nicht nach dem, was auf Erden ist" (Kol 3,2). Die Verbindung mit Christus – mit dem, was droben ist – geschieht durch Taufe und Abendmahl. Beide Handlungen, die ursprünglich als Initiationsritus (Taufe) bzw. als Gemeinschaftsmahl gefeiert wurden, werden nun Sakramente, über die der Christ Anteil gewinnt am auferstandenen Christus. Bestand das Heil ursprünglich darin, dass sich der Christ als Glied am gegenwärtigen Leib Christi verstand, um durch sein Leben als Christ die in Jesus erschienene Liebe Gottes in die Welt zu tragen, wird das Heil nun durch den Priester als ewiges Leben dem Glaubenden sakramental vermittelt. Aus der Gemeinde wird die Heilsanstalt, die dem Christen Anteil gibt an der himmlischen Welt.

Mit diesem durch die Gnosis beeinflussten Heilsverständnis verändert sich das Verständnis christlicher Lebensführung. Der gnostische Dualismus von Licht und Finsternis teilt auch das Leben des Menschen auf in den Bereich des Reinen, Geistigen und in den Bereich des Leiblich-Fleischlichen. Das Fleischliche mit seinen körperlichen Begierden steht dabei im Gegensatz zur geistigen Reinheit. Um Anteil zu haben am geistigen himmlischen Leben des Auferstandenen, galt es, die leiblichen Begierden abzutöten. Während das Ziel christlichen Lebens ursprünglich ein Leben in der Liebe war, die anderen Menschen zugute kam, ist es nun die individuelle Reinheit geistigen Lebens, wonach der Christ vor allem zu streben hat. Mit seinen körperlichen Begierden, vor allem mit seinem sexuellen Verlangen, entfernt sich der Mensch von Gott. Die wahren Frommen, man könnte auch sagen, die wahren Gerechten, werden nun die Asketen, die Mönche und die Nonnen. Wichtiger als die Frage, wie Christen mit ihren Mitmenschen zusammenleben bzw. im Sinne der Gerechtigkeit und des Friedens in dieser Welt handeln, wird das Streben nach Reinheit, indem der Christ seine körperlichen Begierden überwindet bzw. abtötet.

4. Neben der sakramentalen Vermittlung des Heils und der Frage der Lebensführung im Sinne geistiger Reinheit gewinnt im Laufe der weiteren Entwicklung der frühen christlichen Kirche das rechte Bekenntnis zunehmend an Bedeutung. Als unter dem römischen Kaiser Konstantin das Christentum Staatsreligion wird, bekommt das einheitliche Bekenntnis einen staatstragenden Rang. Der

Lehrstreit um die Zwei-Naturen-Lehre Christi z.B. wurde auch auf das Betreiben des römischen Staates hin im Jahre 325 n. Chr. mit dem nicänischen Glaubensbekenntnis entschieden und beendet. Wer sich dem Bekenntnis nicht anschloss und eine andere Lehre vertrat, wurde nicht nur als Ketzer aus der Kirche ausgeschlossen, sondern auch als Staatsfeind verfolgt.

5. Die rechte Lehre wird dann im Mittelalter durch die Inquisition in der Gestalt des „Heiligen Offiziums“ überwacht. Schon der Verdacht der Ketzerei und später der Hexerei führte zu Verhören, die in der Konsequenz „hochnotpeinlich“ mit Hilfe der Folter Geständnisse erzwangen.

Aus einer Gemeinde, die sich zur Liebe im Sinne der Gerechtigkeit und des Friedens berufen wusste, wird eine Kirche, die mit ihrer Glaubenslehre Macht über Menschen ausübt.

Ein Mittel kirchlicher Machtausübung besteht dabei im Glauben an das göttliche Endgericht, das die Christen mit der Verdammnis im Feuer der Hölle bedroht. Durch Bußleistungen und eine rechte Lebensführung im Sinne kirchlicher Lehre können Christen vor der Höllenstrafe bewahrt werden. Über das Sakrament der Beichte, in dem die Christen ihre Sünden vor dem Priester bekennen, gewinnt die Kirche somit Macht über die Lebensführung des Einzelnen. Nicht nur der Glaube, sondern auch das Leben eines Christen gerät nun unter den Zwang, sich durch eine bestimmte Lebensweise die Gnade Gottes verdienen zu müssen.

Nicht zuletzt setzt die Kirche ihre Macht in Verbindung mit staatlicher Gewalt kriegerisch ein. Die Kirche ruft auf zu Kreuzzügen, um das „Heilige Land“ von moslemischer Herrschaft zu befreien. Die germanischen Völker werden mit Hilfe auch militärischer Gewalt missioniert. Aus einer Kirche, die dazu berufen ist, dem Frieden und der Gerechtigkeit zu dienen, entsteht somit eine Kirche des Unfriedens, der Unterdrückung und der geistigen Unfreiheit.

III. Gerechtigkeit Gottes in der Reformationszeit

Martin Luther gelangt durch sein Bibelstudium im Kloster zur entscheidenden reformatorischen Erkenntnis: der Mensch wird vor Gott nicht durch noch so fromme Werke gerecht, sondern allein durch den Glauben. Die Bibelstelle, die Luther diese Erkenntnis eröffnet, findet sich beim Apostel Paulus, Röm 3,21-28. Der Abschnitt schließt mit den Worten: „So halten wir nun dafür, dass der Mensch gerecht wird ohne des Gesetzes Werke, allein durch den Glauben.“ Allein der Zuspruch der Gnade Gottes, die durch den Opfertod Jesu am Kreuz erbracht ist, befreit den Menschen von der Sünde und damit von der Gewissensqual, die den Menschen als Sünder vor Gott verklagt und unfrei werden lässt.

Nach wie vor geht es auch Luther um die Gerechtigkeit vor Gott. Wie kann der Mensch vor dem Strafgericht Gottes bestehen? Der reformatorische Durchbruch geschieht mit der Erkenntnis, dass diese Gerechtigkeit vor Gott nicht durch fromme Werke verdient werden kann, sondern durch das Wort von Christus zugesprochen und im Glauben angenommen wird.

Welche Bedeutung aber hat diese Gerechtigkeit vor Gott für die Gerechtigkeit in der Welt?

1. In seinem Lutherbuch schreibt Heinz Schilling: „Die Erfolgsgeschichte dieser Glaubensfreiheit und -gerechtigkeit wurde gleichzeitig eine Geschichte der Feindschaft gegen

den Papst und die katholische Kirche, eine Geschichte der Gewalt und der verletzenden Abgrenzung."[1] Den Papst und seine Anhänger stempelt Luther schon bald zu Antichristen. Und umgekehrt sieht die römische Kirche die Protestanten nur noch als Häretiker und bedroht sie mit der Inquisition und dem Scheiterhaufen. Die Verkündigung der Glaubensgerechtigkeit und Glaubensfreiheit wird zu einem Bekenntnissatz, der sich gegenüber anderen Bekenntnissätzen abgrenzt und damit zu innerweltlichen Konflikten, zu Hass und Streit führt. Im Laufe des 17. Jahrhunderts mündet dieser Glaubensstreit in den 30-jährigen Krieg, der unermessliches Leid über die Menschen brachte.

Dazu kam, dass Luther seine Rechtfertigungstheologie mit einem „pessimistischen Menschenbild" (Schilling) verbindet. Für Luther ist und bleibt der Mensch aufgrund des Sündenfalls ein Sünder, der unfähig ist zum Guten. Der Mensch ist zugleich gerecht und Sünder („simul justus et peccator"). Die Frage nach der innerweltlichen Gerechtigkeit ist keine Frage des Glaubens. Gemäß der Zweireichelehre Luthers ist eine Verbesserung der menschlichen Verhältnisse Sache des Staates und vom Glauben her nicht zu erwarten. Man könnte sagen: Gott, der seine eigene Gerechtigkeit einfordert, wird als Gott des Friedens der Seele – und nicht als ein Gott des weltlichen Friedens und seiner Gerechtigkeit verkündigt und geglaubt.

[1] H. Schilling, Martin Luther, München 2012, S. 151.

Dennoch bleibt die Freiheit des Glaubens nicht ohne Auswirkung auf die Frage nach Freiheit und Gerechtigkeit in weltlichem Sinne.

Schon Luther selbst beansprucht diese weltliche Freiheit, als er vor dem Reichstag zu Worms auf seinem Bekenntnis mit den Worten beharrt: „Gefangen im Gewissen durch das Wort Gottes kann ich nicht und will ich nicht widerrufen, weil wider das Gewissen zu handeln, beschwerlich, unheilsam und gefährlich ist.“[2] D.h. Luther nimmt für sich die Freiheit in Anspruch, sich der Forderung zu widersetzen, seine Glaubensauffassung zu widerrufen. Er beharrt auf seiner Wahrheit. Und damit kommt es zur entscheidenden Veränderung auch der weltlich-kirchlichen Verhältnisse. Es geht nicht nur darum, dass der Einzelne in seinem Gewissen frei wird, sondern auch die kirchliche Gemeinde soll die Freiheit bekommen, diesen Glauben zu predigen und entsprechend den Gottesdienst zu erneuern.

2. Im Gefolge der kirchlich-religiösen Erneuerung entsteht nach und nach eine gesellschaftliche Veränderung: Die kirchliche Unabhängigkeit von Rom führt zu einer gewissen Unabhängigkeit und größeren Selbständigkeit der deutschen Landesfürsten gegenüber dem Kaiser.

Sodann fordern die Reichsritter eine Befreiung des „Vaterlandes“ von der Unterdrückung durch das Papsttum in

---

[2] H. Schilling, a.a.O., S. 222.

Rom. Mit dessen Ablasshandel werde das Volk ausgeraubt. Die Reichsritter fordern nicht nur diese Freiheit, sondern wollen sie mit Mitteln der Gewalt durchsetzen. In den Reichs- und Hansestädten vertreiben die Bürger, von Luthers Lehre aufgerüttelt, die Priester und zwingen den Magistrat, sich der Reformation anzuschließen.

Nicht zuletzt treten die Bauern 1521 als Wegbereiter der Reformation auf. Mit Aufständen versuchen sie Freiheit und Selbstbestimmung in kirchlichen und weltlichen Dingen durchzusetzen. Sie berufen sich dabei auf die göttliche Gerechtigkeit, die der Ungerechtigkeit, unter der sie leben mussten, widerspreche.

Luther aber lehnt solche Gewalt ab. Nicht durch Gewalt, sondern durch das Wort („non vi, sed verbo") soll die Reformation ihr Ziel erreichen. Er fürchtet, ein Aufstand, ein revolutionärer Akt, beschädige die Sache Gottes. Im März 1522 erscheint dazu seine Schrift: „Eine treue Vermahnung an alle Christen, sich zu hüten vor Aufruhr und Empörung". Statt auf den Aufruhr vertraut er auf seinen Landesherrn, auf die schützende und ordnende Hand des Fürstenstaates.

3. Luther muss sich nun zunehmend mit denen auseinander setzen, die er die „falschen Brüder" nannte. Sie verstehen sich wie Luther als Streiter für die Sache der Reformation, haben aber ein anderes Verständnis, wie diese

durchzuführen sei. Zum Wort von der Gnade Gottes gehört auch die Tat, die die Verhältnisse im Sinne des neuen Glaubens verändert. Als Luther noch auf der Wartburg in Schutzhaft weilt, sind in Wittenberg die „Bilderstürmer“ am Werk. Die Bilder in den Kirchen gelten ihnen als Zeichen der Heiligenverehrung und damit als Zeichen eines falschen Glaubens. Sie wurden deshalb entfernt.

Als Luther davon hört, verlässt er die Wartburg, eilt nach Wittenberg und hält hier seine berühmten Invokavit-Predigten. In ihnen predigt er gegen die Bilderstürmer und ermahnt die Gemeinde, Rücksicht auf die „Schwachen“ und ihre Frömmigkeit zu nehmen.

Der Hauptgegner unter den „falschen Brüdern“ wird Thomas Müntzer (1468-1525).[3] Als Sohn einer Seilerfamilie wird er zunächst Mönch in Quedlinburg. Dann studiert er Theologie in Leipzig.

1519 lernt er Martin Luther kennen. Müntzer wird ein Schüler Luthers, findet aber bald zu selbständigen reformatorischen Einsichten, die ihn schließlich zu einem Widersacher Luthers werden lassen. Inspiriert durch den Mystiker Johannes Tauler (1300-1361) entwickelt Müntzer einen eigenen Glaubensbegriff, der ihn von Luther entfernt. Danach kommt der Mensch nicht nur durch das

---

[3] Hier beziehe ich mich auf das Buch von U. Strerath-Bolz, Thomas Müntzer, Berlin 2014.

äußere Wort der Bibel zum Glauben. Sondern das innere Wort, das Gott durch den Heiligen Geist in die Seele des Menschen hineinspricht, macht den Menschen frei von Eigennutz und Menschenfurcht. Er wird frei, dem Willen Gottes zu folgen und in der Welt im Sinne seiner Gerechtigkeit zu handeln. Das Heil Jesu Christi sieht Müntzer nicht nur in der Versöhnung des Menschen mit Gott durch das Opfer Jesu am Kreuz. Sondern vor allem begründet Müntzer seinen Glauben in Jesu Verkündigung und seiner Ansage des nahen Reiches Gottes. Von diesem Heilsverständnis her sieht sich Müntzer berufen, der Herrschaft Christi, dem Reich Gottes in der Welt, den Weg zu bereiten.

1520 wird Müntzer Prediger in Zwickau. In seinen Predigten fordert er die Gemeinde zum Handeln auf und vertraut dabei der unmittelbaren Wirkung des Heiligen Geistes. Während seiner Wirksamkeit bildet sich die Bewegung der „Zwickauer Propheten" um Nicolaus Storch. Ähnlich wie Müntzer glauben sie, dass der Geist Gottes das ganze Leben eines Christen durchdringen muss. Der Geist Gottes will sein Reich auf Erden bauen. Dementsprechend fordern die Zwickauer Propheten, denen sich Müntzer anschließt, die Abschaffung der Sakramente, soziale Reformen, eine Armenfürsorge, die Überführung des Privateigentums in Gemeineigentum und die Enteignung der Klöster. Das „Sola fide" Luthers lehnen sie ab und predigten stattdessen, in der Nachfolge Jesu zu handeln.

1523 übernimmt Müntzer die Gemeinde in Allenstedt am Kyffhäuser. Hier schafft Müntzer eine eigene deutsche Messe und dichtet dazu eigene Kirchenlieder. Die liturgischen Gesänge bekommen deutsche Texte. Auf diese Weise soll der Gottesdienst die Gemeinde zu einer Gemeinschaft der Glaubenden zusammenführen. Bald ist Müntzer ein beliebter und erfolgreicher Prediger.

In seinen Gottesdiensten polemisiert Müntzer gegen die Verkündigung eines „honigsüßen Christus", eines Christus, dessen Heil allein darin zu sehen sei, dass er die Menschen von ihrer Sündenlast befreit. Vielmehr müssen die Christen mit dem „Salz des Leidens Christi" gespeist werden. Denn der Weg der Auserwählten ist ein Weg des Leidens und der harten Arbeit. Damit setzt sich Müntzer von Luthers Rechtfertigungslehre ab. Seine Predigt wird eine politische Predigt und soll das Volk von der Tyrannei der Fürsten, der ungerechten Obrigkeit, befreien.

Müntzer fordert somit als erster Theologe ein biblisch begründetes Widerstandsrecht des Menschen gegen die Obrigkeit.

Als Folge seiner Predigt brennen im Jahre 1524 seine Anhänger in Allenstedt die Marienkapelle des nahe gelegenen Klosters nieder. Denn die Allenstedter leiden unter den Tributzahlungen, die sie für das Kloster zu zahlen haben. Sie sehen nun die Zeit gekommen, das Kloster als Symbol der alten Lehre und ihrer Unterdrückung dem

Erdboden gleichzumachen. Müntzer stellt sich hinter diese Bewegung. Er rät nicht ab von der Gewaltanwendung, sondern lobt den Mut dieser Menschen und erklärt die Kapelle zu einer „Spelunke des Teufels“.

1524 verfasst Müntzer seine „Fürstenpredigt“. In ihr lehnt er die gegebene, vermeintlich von Gott gewollte Ordnung ab und fordert stattdessen ein Selbstbestimmungs- und Widerstandsrecht eines jeden Menschen gegen Unrecht, Unterdrückung und Missstände. Die Fürsten ruft er auf, die Übeltäter, die das Volk von Gott abbrächten, nicht länger leben zu lassen. Das „Unkraut aus dem Weinberg Gottes“ müsse ausgerauft werden. Dies sei nur mit Gewalt möglich. Wenn die Fürsten das nicht täten, würde ihnen das Schwert genommen. Der Umsturz werde stattfinden und das Reich Gottes anbrechen.

Martin Luther, den Müntzer in seiner Schrift als „Bruder Mastschwein“ und „Bruder Sanftleben“ schmäht, tobt und warnt in seinem Sendschreiben die Fürsten vor dem aufrührerischen Geist Müntzers. Dieser kontert mit einer Schutzrede „Wider das geistlose sanftlebende Fleisch zu Wittenberg“.

Mit seinen Predigten und in seinen Schriften fordert Müntzer nicht nur die Fürsten, sondern auch die Ratsherren in Allenstedt heraus. Bald wird ihm der Boden zu heiß. Deshalb ergreift Müntzer die Flucht und kommt nach Mühlhausen. Hier nimmt er den Kontakt zu den dort aufständischen Bauern auf. Deren Aufstand richtet sich gegen die Abhängigkeit von den Grundherren, die sie mit hohen, erdrückenden Abgaben belasten. Immer mehr Bauern werden aus wirtschaftlichen Gründen in die Leibeigenschaft gezwungen und geraten in einen Teufelskreis der Verelendung. Das alte Recht der Allmende, wonach die Bauern öffentliche Wiesen und Wälder unentgeltlich nutzen durften, setzen die Grundherren außer Kraft. Und nicht zuletzt schürte das ausschweifende Leben vieler Geistlicher den Hass auf die bestehende Kirche. Luthers Reformation und seine Schrift von der „Freiheit eines Christenmenschen" hatte bei den Bauern große Hoffnung geweckt. Die Freiheit, die Luther verkündet, fordern auch sie für sich als Freiheit von der Abhängigkeit der Grundbesitzer. Die bisherige Ordnung kann ihrer Auffassung nach nicht Gottes Wille sein. Sondern die Bauern nehmen Gottes Gerechtigkeit, wie sie die Propheten im Alten Testament verkündigen, auch als Gerechtigkeit und Freiheit für sich in Anspruch. So kommt es im Sommer 1524 zu Bauernaufständen in Oberschwaben, Franken und Thüringen. Die Bauern verweigern die Abgaben des Zehnten und die bisherigen Dienstleistungen. Sie stürmen die Klöster und Kirchen und überfallen Adelssitze.

Zu Beginn hoffen die Bauern mit den Grundherren eine Verhandlungslösung erzielen zu können. 1525 kommt es in Memmingen zu einem Bauerntreffen, auf dem die Bauern ihre Forderungen an die Grundherren in zwölf Artikeln zusammenfassen. So forderten sie die Abschaffung der Leibeigenschaft, die Rückgabe des Rechts auf freie Jagd und Fischfang und des Rechts, die Wälder für die Versorgung mit Bau- und Brennholz frei zu nutzen, eine Neufestsetzung der Pachtabgaben und das Recht der einzelnen Gemeinde, ihren Pfarrer zu wählen und abzusetzen. Sollte eine dieser Forderungen den Geboten der Bibel widersprechen, sei sie zurückzunehmen. Die Artikel wurden in einer Auflage von 25.000 Exemplaren gedruckt und verschickt.

Luther unterstützt zunächst die Forderungen der Bauern und hofft auf eine friedliche Einigung. In seiner Schrift „Ermahnung zum Frieden", die er an den Adel richtet, kritisiert er das „hochmütige Verhalten" der Fürsten und stellt die zwölf Artikel als gerechte Forderungen der Bauern heraus. Es sei „auf Dauer unerträglich, die Leute so zu besteuern und zu schinden."

Inzwischen aber eskalieren die Kämpfe zwischen den Bauern und den Grundherren so weit, dass eine friedliche Einigung nicht mehr möglich ist. Die Fürsten sind entschlossen, die Aufstände der Bauern zu zerschlagen und die Bauernheere zu vernichten.

Luther stellt sich nun eindeutig auf die Seite der Fürsten. Es ist ihm nicht recht, dass sich die Bauern auf seine Schrift „Ermahnung zum Frieden" berufen. Er fürchtet, er selbst und seine Reformation könne mit der Gewalttätigkeit der Bauern in Verbindung gebracht werden. Vor allem sieht er im Aufstand der Bauern eine Auflehnung gegen die von Gott gesetzte Obrigkeit und Ordnung. Gemäß seiner Zweireichelehre kann es in der Reformation nur um die Reform der Kirche, um die Freiheit des Wortes Gottes, nicht aber um eine Reform weltlicher Verhältnisse gehen. Die weltlichen Verhältnisse sind Sache der weltlichen Obrigkeit. Ihr hat man als Christ untertan zu sein. Nicht zuletzt ist Luther sich dessen bewusst, dass die Ausbreitung der Reformation auch dem Schutz der Fürsten zu verdanken ist. Er braucht die weltliche Obrigkeit, wenn sein Werk Erfolg haben soll. Angesichts der Grausamkeit gerade auch auf Seiten der Bauern bestärkt er die Fürsten in ihrem Kampf. In seiner 1525 erschienen Schrift „Wider die Rotten der Bauern" heißt es: „Man soll sie zerschmeißen, würgen, stechen, heimlich und öffentlich, ... wie man einen tollen Hund erschlagen muss ... Darum, lieber Herr, steche, schlage, würge sie, wer da kann, bleibst du darüber tot, wohl dir, seligeren Tod kannst du nimmermehr überkommen."[4]

Im Gegensatz zu Luther sieht Thomas Müntzer im Kampf der Bauern den Anbruch des Reiches Gottes und seiner Gerechtigkeit auf Erden. In seinem Manifest an die Mansfeldischen Bergknappen ruft er auf zum Kampf gegen die Fürstenheere: „Fanget an und streitet den Streit des

---

[4] Siehe U. Strerath-Bolz, a.a.O., S. 99 und H. Schilling, a.a.O., S. 309.

Herrn ... Gott will das Spiel machen, die Bösewichter müssen dran ... Wenn euer nur drei sind, die in Gott gelassen, allein seinen Namen und seine Ehre suchen, werdet ihr hunderttausend nicht fürchten. Nun dran, dran, dran, es ist Zeit, die Bösewichter sind verzagt wie die Hunde."[5]

In Frankenhausen am Kyffhäuser findet schließlich die entscheidende Schlacht zwischen den Fürstenheeren und den von Thomas Müntzer angeführten aufständischen Bauern statt. Es zeigt sich sehr schnell, dass die Bauern dem gut ausgebildeten und bewaffneten Heer der Fürsten hoffnungslos unterlegen sind. Es kommt zu einem Gemetzel, bei dem 4.000 Bauern ihr Leben verlieren. Nur wenige Gefangene werden gemacht. Die Bauern werden vernichtend geschlagen.

Zwar gelingt Thomas Müntzer zuerst die Flucht. Bald aber wird er gefunden, eingesperrt, gefoltert und verhört. Ehe Müntzer hingerichtet wird, schreibt er einen Brief als letztes Vermächtnis. Er bittet um die barmherzige Behandlung seiner Frau und beschwört die Mühlhausener, das Blutvergießen zu beenden. „Das will ich in meinem Abschied, damit ich die Bürde und Last von meiner Seele abwende, vermeldet haben, keiner Empörung weiter stattzugeben, damit des unschuldigen Bluts nicht weiter vergossen werde."[6] Am 27.05.1525 wird Thomas Müntzer auf dem Feld vor Mühlhausen enthauptet.

---

[5] U. Strerath-Bolz, a.a.O., S. 115/16.
[6] U. Strerath-Bolz, a.a.O., S. 124.

Im September 1525 endet der Bauernkrieg in ganz Deutschland. Etwa 70.000 Menschen kommen bei den Kämpfen ums Leben. Die Anführer der Bauern werden hingerichtet. Es kommt zu schlimmen Strafaktionen der Fürsten, zu Hinrichtungen, Misshandlungen und grausamen Verstümmelungen. Schwere Bußgelder treiben weitere Bauern in die Schuldknechtschaft und Leibeigenschaft.

Die Menschen- und Bürgerrechte, die die Bauern in ihren „Zwölf Artikeln" gefordert hatten, finden keine Beachtung. Erst dreihundert Jahre später in der bürgerlichen Revolution 1848 kommen sie zur Geltung, als die Hörigkeit und Leibeigenschaft der Bauern ein Ende findet.

Das große Verdienst Thomas Müntzers ist darin zu sehen, zum ersten Mal in der deutschen Geschichte ein Widerstandsrecht für die Armen zu formulieren und zu fordern. Die „Freiheit eines Christenmenschen" und die Freiheit der Abhängigen und Unterdrückten gehören für ihn zusammen. Der Friede Gottes meint auch die irdische Gerechtigkeit. Ohne Gerechtigkeit gibt es keinen Frieden. Problematisch und in die Irre führend ist Müntzers Fundamentalismus, sein Anspruch, das Reich Gottes auf Erden gewaltsam errichten zu wollen.

Der weitere Verlauf der Geschichte zeigt, wie groß die Gefahr ist, dass das Bemühen, einen Gottesstaat auf Erden zu errichten, in die Tyrannei mündet. Nicht umsonst vergleicht Jesus das Reich Gottes mit einem Samenkorn, das der Bauer aussät, wobei aber das Heranwachsen und Reifen des Getreides nicht in seiner Macht steht (Mk 4,26-29).

4. Ähnlich wie Thomas Müntzer streben auch die Wiedertäufer eine Verwirklichung des Reiches Christi auf Erden an.[7] Ihre Bewegung entsteht 1525 in Zürich. Nach ihrem konsequenten und rigorosen Verständnis stellt die Taufe das Bekenntnis zum christlichen Leben dar. Die Taufe kann daher nicht als Kindertaufe vollzogen werden. Getauft werden können Menschen erst, wenn sie als erwachsene mündige Bürger zu einem solchen Bekenntnis in der Lage sind. Die Wiedertäufer fordern daher, die Taufe als Erwachsenentaufe zu wiederholen. Da sie von Ihren Grundsätzen her jegliche Gewalt ablehnen, verweigern sie den Eid und den Kriegsdienst und werden deshalb als Feinde des Reichs verfolgt. Dennoch breitet sich ihre Bewegung als neue Gemeinde Christi aus.

Neben der Wiedertaufe und ihrem Gemeindeverständnis gehört die betont endzeitliche Ausrichtung ihres Glaubens zu den besonderen Merkmalen der Wiedertäufer. Gemäß dieser Endzeiterwartung sagt Melchior Hoffmann die Wiederkunft und den Beginn der Königsherrschaft Christi für das Jahr 1533 voraus. Als der Termin verstreicht, verlangt eine Gruppe unter der Leitung von Hoffmanns Nachfolger Jan Matthys die gewaltsame Er-

---

[7] H. Lahrkamp, Das Drama der „Widertäufer", Münster 2004.

richtung des Gottesreiches in der Stadt Münster in Westfalen.

Schon seit den frühen 20er Jahren des 16. Jahrhunderts hatte die Reformation in Münster und in anderen westfälischen Städten Einzug gehalten. In der Folge forderten die Zünfte eine größere Mitverantwortung in der Verwaltung und im Rat der Stadt ein. Sie setzten sich gegen die alten Ratsfamilien durch. Sie reformierten den Gottesdienst und entmachteten die bisherige Geistlichkeit.

Anfang der 30er Jahre kommen die Täufer nach Münster und gewinnen bereits in der Ratswahl 1533 die Mehrheit für sich. Schnell vollzieht sich nun der Umschwung. Die Täufer, die ursprünglich friedlich und gewaltlos für die Herrschaft Christi lebten, wollen nun das Reich Christi gewaltsam errichten. Zu verstehen ist dieser Umschwung vor dem Hintergrund einer allgemeinen Endzeitstimmung im Gefolge der Bauerkriege. Die Herbeiführung des Reiches Gottes, die den Bauern nicht gelungen war, soll nun in der Stadt Münster beginnen. Die Täufer fangen an, sich zu bewaffnen. Es kommt zu gewaltsamen Auseinandersetzungen zwischen den Täufern auf der einen und Katholiken und Protestanten auf der anderen Seite. Der Rat der Stadt kann zunächst eine Vereinbarung aushandeln, die allen Bürgern Glaubensfreiheit zubilligte.

Dies ändert sich, als Jan Matthys in Münster eintrifft. Zusammen mit seinem Mitstreiter Bernd Knipperdolling ruft er in den Straßen zur Buße auf. Die Zeit der „Kinder Gottes“ sei gekommen. Es kommt zum Bildersturm und zur Verwüstung des Domes. Alle, die sich nicht zum zweiten Mal taufen lassen, werden aus der Stadt vertrieben. Für die Vertriebenen strömen Täufer aus den Niederlanden nach Münster. Um seine Stellung zu stärken, gibt sich Jan Matthys als der in der Johannesapokalypse geweissagte Prophet Henoch aus. Kraft dieser göttlich-prophetischen Autorität unterdrückt er jeden Widerspruch.

Die gesellschaftlichen Verhältnisse verändern sich nun radikal im Sinne eines urchristlichen Gemeindeverständnisses. Der Geldverkehr wird abgeschafft und die Gütergemeinschaft eingeführt. Als Ausdruck der Gemeinsamkeit müssen Tag und Nacht die Türen offen gehalten werden. Niemand sollte etwas vor anderen zu verbergen haben. Auch die Einführung der Vielehe mag Ausdruck dessen sein, alle Dinge gemeinsam zu haben.

Die Herrschaft der Täufer mit ihren radikalen Veränderungen der gesellschaftlichen Verhältnisse ruft die Gegnerschaft und Gegenwehr der Fürsten auf den Plan. Die Söldner des Reichsheeres greifen die Stadt Münster an und belagern sie. In Erwartung der baldigen Ankunft des Reiches Gottes gelingt es zunächst dem Täuferheer, die Stadt zu verteidigen. Als der für Ostern 1534 erwartete Termin des Anbruchs des Reiches Gottes verstreicht, will Jan Matthys ein Zeichen erzwingen. Mit wenigen Begleitern stürmt er in das Heer der Belagerer – in der Erwartung, damit das Reich Gottes herbeizuführen. Dabei findet er den Tod. Die Söldner hauen ihn förmlich in Stücke.

An seiner Stelle lässt sich nun Jan van Leiden zum König der Täufer ausrufen. Er betrachtet sich als den „König der Gerechtigkeit" in der Nachfolge Davids. Er umgibt sich mit einem prächtigen Hofstaat. Alles Volk muss ihm, der hoch zu Ross einherreitet, huldigen und sich vor ihm niederwerfen. Im krassen Gegensatz zu der Prachtentfaltung dieses „Königs der Gerechtigkeit" leidet die Bevölkerung durch die Belagerung der Stadt Hunger. Bewohner, die sich gegen die Herrschaft des Königs zu Wehr setzen und seiner prophetischen Prophezeiung keinen Glauben schenken, werden hingerichtet.

Aufgrund eines Verrates kann das Heer der Belagerer die Stadt Münster schließlich erobern. Bernd Knipperdolling und Jan van Leiden werden ergriffen und hingerichtet und die Täufer gnadenlos bestraft.

Zusammenfassend lässt sich sagen: Der Versuch, das Reich Gottes auf Erden zu errichten, mündete ein in eine schreckliche Tyrannei und findet schließlich ein trauriges Ende. „Das grob Teufelsspiel zu Münster" (Luther) war vorüber.

Mit dem Scheitern der Täufer in Münster gerät die Reformation dort insgesamt in Misskredit. Als Folge kehrt die Stadt Münster mit ihren Bewohnern zurück in den Schoß der katholischen Kirche.

Als weitere Folge werden die Täufer insgesamt als Feinde des Reiches bestraft und vertrieben. Martin Luther unterstützt dies mit seiner 1535 verfassten Schrift: „Dass weltliche Obrigkeit den Wiedertäufern mit leiblicher Strafe zu wehren schuldig sei." Die Obrigkeit habe die Pflicht zu strafen, allerdings nur die „Halsstarrigen", die sich nicht bekehren ließen. Er begründet die Pflicht zur Strafe damit, dass die Täufer gegen staatliches Regiment verstoßen hätten, indem sie den Eid verweigern und dem Kriegsdienst nicht Folge leisten würden.

Nach der Niederlage der Täufer in Münster sammelt Menno Simons die geflohenen Täufer. Unter ihm bildet sich die Täufergemeinde unter dem Namen „Mennoniten" neu. Neben dem lutherischen Bekenntnis mit seinem Grundsatz, dass „allein der Glaube" die Gnade Gottes vermittelt, wurde für die Mennoniten die Freiheit des Glaubens ein ebenso wichtiger Eckpunkt. Außerdem gehört zu ihren Grundsätzen die Gewaltlosigkeit und damit zusammenhängend die Verweigerung des Kriegsdienstes und des Eides. Sie lehnen sich damit gegen damaliges staatliches Recht auf und werden deshalb noch bis ins 18. Jahrhundert hinein sowohl von katholischen als auch von protestantischen Fürsten verfolgt und vertrieben. Sie fliehen in den Osten Deutschlands und wandern zu großen Teilen nach Nordamerika aus. Dort werden sie Pioniere in bisher von Weißen unbewohnten Gebieten und tragen mit ihrer Glaubensüberzeugung zur freiheitlichen amerikanischen Verfassung bei. Heute gehören sie in den USA zu den „historischen Friedenskirchen“.

In Russland werden sie von der Zarin Katharina II. in der Ukraine angesiedelt und erwerben sich dort als fortschrittliche Landwirte einen guten Ruf.

IV. Gerechtigkeit Gottes im Hinblick auf die soziale Frage im 19. Jahrhundert

Als Folge der Reformation wird in den protestantischen Staaten das landesherrliche Kirchenregiment eingeführt. In dieser Verbindung von Thron und Altar hat der Patron oder Landesherr die Leitung der jeweiligen Landeskirche inne und ist somit für die weltliche Gerechtigkeit zuständig. Die Kirche hingegen hat Gottes Wort zu verkündigen und für das Seelenheil des Menschen zu sorgen.

Die Frage nach der Gerechtigkeit Gottes als innerweltliche Gerechtigkeit stellt sich in der Zeit nach der Reformation daher nicht für die Kirche.

Dies ändert sich im 19. Jahrhundert, als sich die Kirche mit der „Sozialen Frage“ auseinandersetzen muss. Durch die Entwicklung der Industrie entsteht eine lohnabhängige Industriearbeiterschaft. Als so genanntes „Proletariat“ leidet sie unter großer Armut und Existenzunsicherheit. Dazu kommen die schlechten und oft gefährlichen Arbeitsbedingungen sowie die Wohnungsnot.

1. In jener Zeit fordert Karl Marx (geb. 1818 in Trier und gest. 1883 in London) radikal Gerechtigkeit ein. In seiner Schrift „Das kommunistische Manifest“[8] analysiert Marx zunächst die bestehenden Verhältnisse. Er geht davon aus, dass alle bisherigen Gesellschaften von Klassenkämpfen gekennzeichnet seien.

[8] S. Quellenbuch zur Kirchengeschichte, S. 85f.

In der Gegenwart gehe es um den Klassengegensatz zwischen Proletariat und Bourgeoisie, um den Gegensatz zwischen Kapitalbesitzern und abhängiger Arbeiterschaft. Die Kapitalbesitzer sind Eigentümer von Boden, Fabriken und Maschinen, während die Arbeiter als Proletarier keine Produktionsmittel besitzen. Sie sind gezwungen, Lohnarbeit zu verrichten, um ihre Lebensbedürfnisse zu befriedigen. Dadurch entsteht die soziale Ungleichheit.

Denn der Lohn für die Arbeiter wird auf das Lebensnotwendige beschränkt, während auf der anderen Seite die Kapitalbesitzer ihr Einkommen mit dem Ziel der „Profitmaximierung" steigern. Die Anhäufung des gesellschaftlichen Reichtums erfolgt über die Ausbeutung fremder Arbeitskraft.

Grundsätzlich sieht Marx das Wesen menschlicher Exisdurch Arbeit bestimmt. Arbeiten heißt ursprünglich, die Umwelt frei und schöpferisch zu gestalten.

Dagegen ist Arbeit im Kapitalismus grundlegend entfremdet, weil der Arbeiter über seine Arbeitskraft nicht frei verfügen kann, sondern sie nach der Vorgabe der Kapitaleigner einsetzen muss. Die Güter, die er produziert, erlebt er nicht als seine eigenen. Der Arbeiter ist an seiner Arbeitsstelle nicht zu Hause, sondern ist zu Hause, wenn er nicht arbeitet. Seine Arbeit verrichtet er gezwungenermaßen. Seine Bedürfnisse befriedigt er nicht durch seine Arbeit, sondern er arbeitet, um seine Bedürfnisse außerhalb der Arbeit zu befriedigen. Wie kann es zur Veränderung der Arbeit – zur Überwindung der Klassengegensätze und damit zur Überwindung von Ausbeutung und Entfremdung kommen?

Es reicht nicht aus, die ungerechten Verhältnisse zu kritisieren. Kritisch gegen die bisherige Philosophie formuliert Karl Marx: „Die Philosophen haben die Welt nur verschieden interpretiert. Es kommt aber darauf an, sie zu verändern!“[9]

In besonderer Weise kritisiert Marx in diesem Zusammenhang die Religion. Denn Gesellschaft und Religion hängen seiner Meinung nach „wesenhaft zusammen“. Religion diene dazu, die Existenz des Menschen durch „Träumerei und Trost im Jenseits“ erträglicher zu machen und das faktische Elend zu legitimieren. Marx bezeichnet daher die Religion als „Opium des Volkes“. Sie erzeuge ein falsches Bewusstsein. Sie sei der „richtige Ausdruck einer falschen Gesellschaft.“ „Die Religion ist der Seufzer der bedrängten Kreatur, das Gemüt einer herzlosen Welt.“ [10]

Karl Marx ruft daher dazu auf, die Religion zu überwinden.

Dies könne aber nicht theoretisch-verbal geschehen, sondern nur durch die materielle Veränderung eines Le-

---

[9] K. Marx, Zur Kritik der hegelschen Rechtsphilosophie, in: Quellenbuch zur Kirchengeschichte, S. 86.

[10] K. Marx, a.a.O., S. 86.

bens, das Religion als „Stoßseufzer der bedrängten Kreatur“ erst nötig macht. Voraussetzung für eine solche Veränderung ist nach Marx das Klassenbewusstsein, das die sozialen Verhältnisse objektiv wahrnimmt. Die Proletarier müssen ihre Bedürfnisse erkennen. Und sie müssen für die Verwirklichung ihrer Bedürfnisse kämpfen, anstatt sich auf das Jenseits vertrösten zu lassen. Die materielle Gewalt, der Menschen unterliegen, müsse durch materielle Gewalt gestürzt werden, und sie müsse von der sozialen Klasse des Proletariats ausgehen. Denn sie allein habe die Macht, eine kommunistische Umwälzung erfolgreich zu vollziehen. Die klassenlose Gesellschaft nennt Marx Kommunismus, eine Gesellschaft, in der alle Menschen gleiche Rechte haben und sich in Freiheit schöpferisch entfalten können. Im „kommunistischen Manifest“ aus dem Jahr 1848 heißt es dazu: „Die Kommunisten verschmähen es, ihre Ansichten und Absichten zu verheimlichen. Sie erklären offen, dass ihre Zwecke nur erreicht werden können durch den gewaltsamen Umsturz aller bisherigen Gesellschaftsordnung. Mögen die herrschenden Klassen vor einer kommunistischen Revolution zittern. Die Proletarier haben nichts zu verlieren als nur ihre Ketten. Sie haben eine Welt zu gewinnen. Proletarier aller Länder, vereinigt euch.“[11]

Der Kampf des Proletariats gegen die Bourgoisie vollzieht sich nach Marx als „Diktatur des Proletariats“, als Herrschaft der unterdrückten Mehrheit über die Unter-

---

[11] K. Marx, a.a.O., S. 85.

drücker, als „Expropriation der Expropriateure“, d.h. als Enteignung der Enteigner.

Der „Kommunismus“ ist schließlich das Endstadium der klassenlosen Gesellschaft, in der alle Unterdrückungsgewalt und mit ihr der Staat überwunden, d.h. unnötig geworden ist. „An die Stelle der alten bürgerlichen Gesellschaft mit ihren Klassengegensätzen tritt eine „Assoziation“, in der „die freie Entwicklung eines jeden die Bedingung für die freie Entwicklung aller ist. In ihr gilt: „Jeder nach seinen Fähigkeiten und jedem nach seinen Bedürfnissen!“.[12]

Marx entwirft hier m.E. die Utopie einer gerechten Gesellschaft, die an das Kommen des Reiches Gottes erinnert, wie es von Thomas Müntzer und den Täufern in Münster erhofft und gewaltsam angestrebt wurde.

2. Die Verelendung der Arbeiter in der Industriegesellschaft des 19. Jahrhunderts stellte sich als „soziale Frage“ auch den Kirchen. Vor allem war es der Sozialismus mit seiner antikirchlichen Agitation, der den sog. „religiösen Sozialismus“ entstehen lässt.[13]

Für die religiösen Sozialisten stehen die Gerechtigkeitsforderung der Propheten und die Verkündigung Jesu im Zentrum ihrer Theologie. In ihr werde das Evangelium

---

[12] K. Marx, a.a.O., S. 87.

[13] Grundlage der folgenden Ausführungen sind die „Dokumente der Weltrevolution“, Band 6: Religiöse Sozialisten, Olten 1976.

nicht als Vertröstung auf ein besseres Jenseits verkündet, sondern als Veränderung und Erneuerung dieser Welt im Sinne der Gerechtigkeit. Damit kritisieren die religiösen Sozialisten eine Kirche, die die bestehenden gesellschaftlichen Verhältnisse als Gottes Ordnung sanktioniert. Der Sozialismus sei die säkularisierte Form der Gerechtigkeitsforderung der Propheten und der Ansage des Reiches Gottes in der Verkündigung Jesu. In der Nachfolge Jesu könne man als Christ in dieser Zeit des massenhaften Elends daher nur ein Sozialist sein.

Ein wichtiger Vertreter der religiösen Sozialisten ist Christoph Blumhardt (1842-1919). Er ist nicht bereit, die bestehenden gesellschaftlichen Verhältnisse als gegeben hinzunehmen. Er kritisiert, dass der christliche Glaube in der Kirche als reiner Jenseitsglaube gelehrt und damit beschränkt werde. Das sei falsch. Die Theologen seien „christliche Faulenzer“[14], wenn sie nur von der Gnade Gottes anstatt von seiner Gerechtigkeit reden. Nicht auf das kirchliche Bekenntnis komme es an, sondern entscheidend sei der Kampf für Recht und Wahrheit, für Liebe und Nachsicht – der Kampf gegen Aberglauben und Herrschsucht.

Den Kampf für Recht und Wahrheit erkennt Blumhardt in der Sozialdemokratie. Die sozialistische Hoffnung hat für ihn einen messianischen Sinn. Denn die Sozialisten wollen ein Friedensreich schaffen. Dies entspreche der

[14] Religiöse Sozialisten, a.a.O., S. 83.

Verkündigung Jesu, wie sie in seinen Gleichnissen, seinen Seligpreisungen und – nicht zuletzt – in seiner Ansage des Reiches Gottes zum Ausdruck kommt. Man könne daher sagen, dass Sozialdemokraten in ihrem Einsatz für eine gerechte Gesellschaft dem Willen Jesu folgen.

Blumhardt tritt daher in die Sozialdemokratische Partei ein. Er will nicht nur reden, sondern auch handeln. Dabei geht es ihm um die Sache Jesu. „Ich verbinde mich mit der Sehnsucht nach einer neuen Zeit! Allein der Wille Jesu gilt, dass die Welt umgestürzt werde."[15]

Von 1900-1909 wird Blumhardt sozialdemokratischer Abgeordneter im württembergischen Landtag. In seinen späteren Lebensjahren aber erkennt Blumhardt, dass „das Allumfassende des Sozialismus in Christus in der Gegenwart keinen Boden zur Verwirklichung" habe. Es gibt keine „feste Niederlassung des Geistes Christi", weder in einer „Dauerkirche" noch in einer Partei. „Das Christentum leidet, weil es zu wenig seinen Herrn bekennt. ... Wenn aber die Kinder Gottes schweigen, müssen die Steine schreien. Es muss rütteln, damit Jesus Christus der Menschensohn, dieser einfache Mensch Gottes, irgendwo in die Welt hinein kann."[16]

Auch Hermann Kutter (1863-1931) stand der sozialdemokratischen Partei nahe. Er war Pfarrer im Neumünster in Zürich. Er sieht in der Sozialdemokratie eine von

---

[15] Religiöse Sozialisten, a.a.O., S. 83.
[16] Religiöse Sozialisten, a.a.O., S. 86.

Gott gesetzte Notwendigkeit. Die Sozialdemokraten tun das, was Gott von Anfang an durch seine Zeugen gefordert hat, indem sie sich der Armen und Geknechteten annehmen. Die Sozialdemokratie sei der einzige ehrliche Feind des Mammons. Während der Christenheit der lebendige Gott fehle, sei dieser bei den Sozialdemokraten an der Arbeit. Dabei gehe es nicht darum, ,,das Christentum gegen Anfeindungen zu verteidigen, sondern darum, das Evangelium zu seiner – seit langem unterdrückten – vollen Geltung zu bringen."

„Wir, die Christen, dürfen nicht ruhen, die Unterwerfung der materiellen Verhältnisse unter die Prinzipien der Gerechtigkeit, wie sie klar von der Bibel gefordert wird, aus unserem eigenen Christentum zu entwickeln, um so über die Postulate der Sozialdemokratie hinauszuwachsen in das unzweideutige und unwiderstehliche Gebot der Liebe."[17]

Kutter tritt deshalb nicht wie Blumhardt in die sozialdemokratische Partei ein. Sein Beitrag zur sozialen Frage soll eine neue Predigt sein. Für den religiösen Sozialismus gewinnt Kutter als Prediger und Schriftsteller an Bedeutung. Indem er sich in seinen Schriften für den Sozialismus einsetzt, wendet er sich gegen ein „Kompromiss-Christentum" seiner Kirche.

Anders als Hermann Kutter fühlt sich Johann Gottlieb Cordes (1870-1955) berufen, Pfarrer des Proletariats zu

[17] Religiöse Sozialisten, a.a.O., S. 88.

werden. Während seines Theologiestudiums in Berlin erlebt er die Auseinandersetzungen um das Sozialistengesetz. Dadurch lässt er sich für die Belange und Zielsetzungen der Arbeiterbewegung gewinnen. Nach seinem Studium und seiner theologischen Ausbildung sucht er sich daher eine Gemeinde in einem Arbeiterstadtteil in Hamburg. Er macht Hausbesuche bei Arbeitern, die aus der Kirche ausgetreten waren, und besucht die Kreise der Freidenker. In ihren Versammlungen hält er Vorträge. Mit Arbeitern diskutiert Cordes in Gastwirtschaften. Dabei versucht er seinen Zuhörern klar zu machen, dass sozialistische und christliche Weltanschauung kein Gegensatz sind.

In seiner Theologie ist Cordes von der Person Jesu bestimmt, wie sie in den Evangelien überliefert ist.

Insbesondere geht es ihm um das Reich Gottes, das in Jesu Verkündigung kein jenseitiges Reich ist, sondern in dieser Welt als das Kommen einer besseren Zeit konkret werden will. Vor dem Maßstab Jesu können die gegenwärtigen sozialen Verhältnisse nicht bestehen. Christen müssen daher daran zu erkennen sein, dass sie – gemäß dem Gleichnis vom großen Weltgericht (Mt 25) – Hungrige speisen und Gefangene besuchen. Heute heißt es, dass Christen helfen, Menschen zu befreien, die durch das Wirtschaftsleben geknechtet sind. „Uns Sozialisten, die wir von der Möglichkeit und Notwendigkeit einer radikalen Änderung des herrschenden Systems überzeugt sind, macht Jesus den Kampf und die Arbeit für den Sozialismus zur Gesinnungssache."[18]

Von Jesus habe er, Cordes, den Glauben an das Kommen einer besseren Zeit gelernt, in der nicht mehr Selbstsucht und Mammon das letzte Wort haben, sondern in der das Ideal der Gerechtigkeit und Brüderlichkeit sowie soziales Verantwortungsbewusstsein ausschlaggebend sind. Jesus traut den Menschen zu, dass sie sich ändern können – das Größte, was man einem Menschen zutrauen kann.

3. Einer der bedeutendsten religiösen Sozilisten ist Leonhard Ragaz. Von 1893-1903 war er Stadtpfarrer in Chur, danach Pfarrer in Basel. Er wuchs als Bergbauernsohn auf und war verwurzelt im sog. „Dorfkommunismus" der bündnerischen Gemeinde. Die Bauern dort hatten Gemeineigentum an Wäldern, Almen und Weiden (Almenden). Die Instandhaltung des Gemeineigentums erfolgte im „Gemeinwerk" – in gemeinsamer Arbeit.

In seiner Theologie bezieht sich Ragaz auf die Reichsgottesverkündigung der Täufer in der Reformationszeit. „Die Gottesreichshoffnung Jesu muss wieder das Herz unserer Frömmigkeit werden"[19] Die Pfarrer ruft Ragaz auf, sich für eine prophetische Predigt der Gerechtigkeit und Wahrheit einzusetzen und damit der Sache der Arbeiter Ver-

---

[18] J. G. Cordes, in seinem Aufsatz: Jesus und die soziale Frage.

[19] Religiöse Sozialisten, a.a.O., S. 143.

ständnis entgegen zu bringen. Er selbst bekennt sich ausdrücklich zum Sozialismus. Dabei belässt er es nicht bei der Predigt, sondern besucht ähnlich wie Cordes die Arbeiter seiner Gemeinde.

1913 tritt Ragaz in die sozialdemokratische Partei ein. Hier wendet er sich vor allem gegen die Gewalt im Sozialismus, wie sie im Bolschewismus Lenins praktiziert wurde. Der Sozialismus muss eine Freiheitsbewegung sein, ein „Weg zur Menschwerdung des Menschen". Ragaz beteiligt sich daher an der antibolschewistischen Kampagne seiner Partei, die zum Austritt der Partei aus der „Internationalen" führte.

In seinen Schriften „Von Christus zu Marx – von Marx zu Christus" und „Geschichte der Sache Christi" untersucht Ragaz welche Bedeutung Jesu Verkündigung des Reiches Gottes für den Sozialismus hat. Die vom Sozialismus propagierte „Weltrevolution" muss eine „Gottesrevolution sein, die von Christus ausgeht". Leider ist die Kirche – auch die reformatorische – nicht Trägerin des Reiches Gottes, sondern predigt den christlichen Glauben als dogmatische Lehre. Sie verkündet eine „Ewigkeitsgewissheit", der die „Dürftigkeit der Sache Gottes auf Erden" gegenüber steht. Mit dem Aufkommen des Sozialismus – so Ragaz – eröffnet sich ein Weg zur Verwirklichung der Verheißung und Forderung des Gottesreiches. Der Sozialismus ist „die stärkste Bewegung der heutigen Menschheit."

An seiner Kirche kritisiert Ragaz den „Irrtum und Fluch einer individualistischen Frömmigkeit“. Denn sie führt notwendig zum religiösen Egoismus. Gott will keinen Dienst für sich allein. Sondern Gottesdienst muss zugleich Menschendienst sein – vor allem Dienst an den Geringsten der Brüder des Menschensohnes. Die alte Denkweise, wonach die vorhandene Welt mit all ihrer Not und ihrem Unrecht aus dem Ratschluss Gottes gerechtfertigt wird, muss ein Ende haben. Anstatt auf das Jenseits zu hoffen, gilt es die Hoffnung auf das Reich Gottes auf Erden zu richten. „Die unerhörte Herrschaft des Egoismus und Mammonismus – dieses riesengroße Elend neben riesengroßen Kulturprojekten, dieses Auseinandergehen der Gesellschaft in zwei Klassen“ muss bekämpft werden. Denn dieses Elend weist hin „auf den großen Abfall von Gott. Es klagt uns an, dass wir zwar viel von Gott reden, aber unser Leben in Wirklichkeit auf die Gottlosigkeit gegründet haben. Die Erlösung geschieht durch die Liebe Gottes, die uns Menschen den Weg zur Brüderlichkeit weist.“[20] Ragaz setzt seine Hoffnung darauf, dass der Kapitalismus „stürzt“ und der Sozialismus kommt. „Aber in welcher Gestalt und in welchem Geist wird er kommen – im Geist der Demokratie oder im Geist der Diktatur?“[21]

---

[20] Religiöse Sozialisten, a.a.O., S. 160.
[21] Religiöse Sozialisten, a.a.O., S. 196.

V. Gerechtigkeit im kirchlichen Handeln der Diakonie

Während die religiösen Sozialisten vor allem durch ihr Schrifttum und ihre Vorträge für die Gerechtigkeit im Sinne des Sozialismus eintraten, will im 19. Jahrhundert die kirchliche Bewegung der Diakonie die soziale Not durch konkretes Handeln im Sinne der Nächstenliebe lindern. Der Begründer der Diakonie ist Johann Hinrich Wichern, 1808 in Hamburg geboren. Er entstammt einer bürgerlich christlichen Familie.

1. Während seines Theologiestudiums in Berlin tritt er im Jahre 1828 in den Mitarbeiterkreis des Erweckungstheologen August Kottwitz ein, der sich um Arme in der Großstadt kümmerte und ihnen in ihrer Armut half. Diese Begegnung in Berlin veranlasst Wichern, nach seinem Studium in Hamburg als Oberlehrer in der Sonntagschule einer evangelischen Kirchengemeinde zu arbeiten. In ihr wurden Kinder aus den Elendsquartieren der Stadt unterrichtet. Wie in Berlin besucht Wichern diese Kinder in ihren Familien und lernt ihre bittere Armut und Verwahrlosung kennen.

Diese Erfahrungen führen dazu, dass Wichern 1832 im Hamburger Vorort Hamburg-Horn das „Rauhe Haus", eine Anstalt zur Rettung verwahrloster und schwer erziehbarer Kinder, gründet. Mit großzügigen Spenden können das

Rauhe Haus und später weitere Gebäude finanziert werden.

Zusammen mit seiner Mutter und einer seiner Schwestern beginnt Wichern die Arbeit und nimmt zunächst zwölf Jungen mit in seine Hausgemeinschaft. Ab 1835 werden auch Mädchen aufgenommen. Die Kinder leben in familienähnlichen Gruppen zusammen – jeweils zehn bis zwölf Kinder mit einem Betreuer. Die Betreuer – Brüder, wie sie genannt werden – bildet Wichern in einem Gehilfeninstitut aus. In den neuen Gebäuden errichtet Wichern später auch Werkstätten, einen landwirtschaftlichen Betrieb und eine Buchdruckerei, in der die „Fliegenden Blätter" hergestellt wurden, die das Anliegen des „Rauhen Hauses" und der Inneren Mission verbreiteten.

Die Aufgabe des Rauhen Hauses sieht Wichern nicht nur in der Hilfe aus der Armut, sondern ebenso in der Inneren Mission. Die Kinder sollen aus ihrer Verwahrlosung herausgeführt werden, indem sie den christlichen Glauben kennen lernen und sich zu ihm bekehren. Anders als die Sozialisten, die die äußeren materiellen Verhältnisse ändern wollen, damit Menschen aus ihrer Armut herausfinden, ist Wichern der Meinung, dass der Mensch von innen her erneuert werden muss, damit sein Leben sich bessert und gelingt. Diese innere Erneuerung als „Innere Mission" kann nur durch den christlichen Glauben geschehen.

2. Wichern begnügte sich nicht damit, das „Rauhe Haus“ mit seinen Einrichtungen und Werkstätten für arme und verwahrloste Kinder und Jugendliche gegründet zu haben. Er wollte über seine Tätigkeit im Rauhen Haus hinaus „Werke der rettenden Liebe“ in ganz Deutschland anregen. Er sah das soziale Elend der Industriearbeiterschaft und das Versagen der kirchlichen Verkündigung gegenüber diesem Elend. Für Wichern war die Armut vor allem im Sittenverderben des Volkes begründet, dessen Ursache er in der Irreligiosität und der Verachtung des wahren Christentums sah. Gegen das Elend müssen daher Werke der helfenden und rettenden Liebe gegründet werden. Diese Forderung erhebt Wichern 1848 auf dem ersten evangelischen Kirchentag in Wittenberg in einer programmatischen Rede. In ihr ruft er zur Gründung des „Centralausschusses für Innere Mission der deutschen evangelischen Kirche“ auf.

Der Centralausschuss wurde die Vorläuferorganisation des heutigen „Diakonischen Werkes“. In der Folgezeit entstehen in allen deutschen evangelischen Kirchen über 100 Rettungshäuser.

In der Verkündigung Wicherns gehören Glaube an Gott und Nächstenliebe, Mission und Diakonie, Erneuerung der Kirche und Erneuerung der gesellschaftlichen Verhältnisse zusammen. Das Evangelium von Jesus Christus, der Ruf zum Glauben sind für ihn Quelle der Kraft zur Rettung der Menschen. Wichern fordert daher eine kirchliche Verkündigung, die nicht nur die „rechte Lehre" vermittelt, sondern ein Glaubenszeugnis auch der Tat ist. Für Wichern ist jeder Mensch ein von Gott geliebtes Geschöpf und damit etwas Einzigartiges. Als Geschöpf Gottes ist der Mensch eine freie Persönlichkeit und hat die Fähigkeit, sich für das Gute zu entscheiden oder aber seine Neigung zum Bösen auszuleben. Die Kinder, um die sich Wichern kümmerte, sollten daher in Freiheit erzogen werden. Zum Guten müssen sie befreit, „erlöst" werden. Diese Erlösung zum Guten könne nur durch den christlichen Glauben geschehen.

3. Die Reiherstieg-Gemeinde in Hamburg-Wilhelmsburg, in der ich später Pastor war, kann als Beispiel dafür angeführt werden, wie die von Wichern angestoßene Diakonie in einer Kirchengemeinde Gestalt annimmt.[22] Sie wurde Ende des 19. Jahrhunderts gebildet, als dort der Hamburger Hafen ausgebaut wurde und ein Industriegebiet entstand. Von Anfang an hatte es die Gemeinde mit der Ablehnung und Feindschaft der Industriearbeiterschaft zu tun. Mit diakonischem Handeln (Kranken- und Altenpflege) konnte dieser Entfremdung begegnet werden. Neben der Kirche wurde ein Gemeindehaus gebaut, in dem die

[22] Das Folgende entnehme ich meiner Geschichte der Reiherstieg-Gemeinde: Zwischen Industrie und grünen Wiesen, Hamburg 1996.

Wohnung für eine Gemeindeschwester eingerichtet wurde und Räume für gesellige Veranstaltungen entstanden.

Außerdem sah der sich im Gemeindehaus bildende Frauenverein in der „Liebestätigkeit“ seinen Hauptzweck. Etwa hundert Mitglieder des Vereins besuchten und unterstützten Arme, insbesondere Witwen und Waisen in der Gemeinde. Sie sammelten gebrauchte Kleidung und reichten sie an Bedürftige weiter. Ebenso taten sie es mit gespendeten Nahrungsmitteln.

Den Anstoß dafür gab die damalige Harburger Bezirkssynode. Sie beschäftigte sich mit der Frage, wie die Kirche der Industriearbeiterschaft begegnen und auf sie eingehen könne. Die Industriearbeiterschaft stand damals unter dem Einfluss der Sozialdemokratie, die die Kirche als ihren Feind ansah. Die Kirche reagierte und versuchte, die Arbeiter von dem falschen Weg der „sozialdemokratischen Verirrung“ zu überzeugen.

Dies sollte in dreifacher Weise geschehen: durch Predigt und Seelsorge, durch Liebestätigkeit (Diakonie) und Gemeinschaftsbildung. Die Pastoren müssten ein offenes Auge und Ohr für die Not ihrer Gemeindeglieder haben. Sie dürften sich nicht scheuen, auf Missstände hinzuweisen und sie beim Namen zu nennen. Die Kirche sollte dies alles im Bewusstsein tun, dass sie aufgrund des Evangeliums dazu berufen sei, die soziale Not der Arbeiterschaft zu wenden.

VI. Die Befreiungstheologie in Lateinamerika

Eine theologische Bewegung, die bis heute die Gerechtigkeit Gottes als innerweltliche Gerechtigkeit versteht und innerhalb der Ökumene propagiert und voranbringt, ist die so genannte „Befreiungstheologie“ im Bereich der katholischen Kirche Lateinamerikas.

Sie entsteht in den Jahren 1960 bis 1980 in so genannten Basisgemeinden Südamerikas. Landlose Bauern, Arme und Entrechtete schließen sich als kirchliche Gruppen zusammen und verstehen die biblische Botschaft als Befreiung von Unrecht und Gewalt. Maßgeblich dafür ist einerseits die Exodustradition des Alten Testamentes. In ihr führt Gott das Volk Israel aus der ägyptischen Sklaverei in die Freiheit, hinein in das „gelobte Land“, um dort selbstbestimmt leben zu können.

Ein anderer maßgeblicher Text ist das Magnifikat im Lukasevangelium, Kapitel 1,47-54. In den Versen 52 und 53 heißt es: „Er (Gott) stößt die Gewaltigen vom Thron und erhebt die Niedrigen. Die Hungrigen füllt er mit Gütern und lässt die Reichen leer ausgehen.“ Wie bei Thomas Müntzer oder im religiösen Sozialismus wird Erlösung bzw. Gerechtigkeit Gottes primär nicht jenseitig verstanden, sondern sozialpolitisch als diesseitige, innerweltliche Befreiung von Unterdrückung und Armut.

Die Befreiungstheologie entsteht in einer Zeit, als sich in südamerikanischen Staaten zunehmend autoritär diktatorische Regime etablieren, die, unterstützt durch die Vereinigten Staaten von Amerika, durch Militärputsche an die Macht kommen. Daraufhin verarmt die vorher schon unterprivilegierte Mehrheit der Bevölkerung zunehmend, und der Reichtum des Landes kommt nur den Mächtigen zu Gute. Durch Polizeiterror und Folter werden Proteste im Keim erstickt.

Was die Betroffenen in den Basisgemeinden zunächst selbst als Befreiungstheologie formulieren, übernehmen bald auch Theologen und Bischöfe in diesen Ländern. Weltweit propagieren sie die Befreiungstheologie als kirchliche Option für die Armen.

So gründet der Priester und Dichter Ernesto Cardenal eine Basiskommune auf der Insel Solentiname in Nicaragua. Dort entsteht das „Evangelium von Solentiname", eine Bibelauslegung der Campesinos dieser Insel.

Zu den Theologen der Befreiungstheologie gehörten außerdem Helder Camara und der damalige Erzbischof von El Salvador, Oscar Romero. Mit ihrem Eintreten für die Rechte der Armen fordern sie die Machthaber der lateinamerikanischen Staaten heraus, die die Befreiungstheologie als staatsfeindlich und staatsgefährdend verurteilen und propagandistisch gegen sie vorgehen. Oscar Romero wird in diesem Klima der Hetze und Gewalt von rechtsextremen Todesschwadronen ermordet.

Auch der Vatikan sieht in der Befreiungstheologie eine Gefährdung der kirchlichen Lehre. Sie sei ein sozialistisches Gesellschaftsmodell – ein Marxismus in christlichem Gewand – und deshalb mit der katholischen Lehre nicht vereinbar. Die Befreiungstheologen wehren sich mit dem Hinweis, dass man den Kommunismus eines Lenin oder Stalin ablehne. Anstelle einer zentralistischen Planwirtschaft strebe man eine genossenschaftlich organisierte Wirtschaft an. Der Bischof von Caçador, Luiz Carlos Eccel, setzt der Ablehnung der Befreiungstheologie durch den Vatikan die Sätze entgegen: „Wer die Befreiungstheologie ablehnt, lehnt auch Jesus Christus ab. Jede Theologie ist entweder befreiend oder sie ist keine Theologie."

Allerdings kritisierte Papst Johannes Paul II. 1990 den Kapitalismus als Wirtschaftssystem. Es lasse die Armen immer ärmer und die Reichen immer reichen werden.

Dennoch, das Verständnis der Erlösung durch Jesus Christus als Befreiung von Unterdrückung und Verelendung führte zu heftigen Kontroversen mit der Amtskirche.

Was zur Folge hatte, dass die Glaubenskongregation unter der Leitung von Joseph Ratzinger, dem späteren Papst Benedikt XVI., verschiedenen Theologen und Priestern die Lehr- und Predigterlaubnis entzog.

Der prominenteste dieser von Ratzinger suspendierten Theologen ist der brasilianische Priester Leonardo Boff, dem 1985 ein Lehr- und Predigtverbot auferlegt wird. Leonardo Boff gibt sein Priesteramt auf und erhält daraufhin den Lehrstuhl für Ethik und Spiritualität an der Universität von Rio de Janeiro.

In seiner Lehrtätigkeit wendet sich Boff gegen das Dogma von der sakramentalen Wandlung der Elemente im Abendmahl. Das wahre vom Heiligen Geist bewirkte Sakrament seien die vielen Basisgemeinden. Das Heil Gottes ist nicht in den vom Priester geweihten Sakramenten gegenwärtig, sondern in den Gemeinden, die Gottes Heil als Befreiung von Unterdrückung erhoffen und erfahren. Gegen die Kircheninstitution mit ihrem Machtanspruch setzt er die lebendige Kirche der Armen. Die zeitlose dogmatische Lehrauffassung mit ihrer „von oben" verordneten Vergebung könne nur zum Verlust des Glaubens führen.

Im deutschen Sprachbereich stehen die Theologen Dorothee Sölle, Karl Rahner, Jürgen Moltmann, Johann Baptist Metz und Helmut Gollwitzer im Dialog mit der Befreiungstheologie.

In der weltweiten Ökumene entstehen als Folge der Befreiungstheologie die Initiative zur Bewahrung der Schöpfung und die Initiative für einen fairen Handel. Außerdem werden die Entschuldung der Länder der sog. „Dritten Welt" und die Einhaltung der Menschenrechte gefordert.

VII. Karl Barths Forderung eines kirchlichen Einsatzes für Gerechtigkeit

Vor allem auch Karl Barth gehört zu den Theologen, die die Christusbotschaft diesseitig im Sinne einer Veränderung unserer Welt verstehen.

Weil Jesus Christus als der „Mensch für Andere" Gottes Ebenbild sei, darum können auch wir menschlich und Anderen zugewandt leben. Jesus Christus unterstütze, tröste und ermutige seine Kirche, damit sie ein Zeugnis für das Kommen seines Reiches ist.

Die Kirche ist daher nur so viel wert, wie sie sich der Welt und ihren Nöten öffnet und ihr prophetisches Amt wahrnimmt. Ihren Glauben an Gottes Reich kann sie damit bezeugen, dass sie gemeinsam mit Andersgläubigen eine gerechte Weltordnung aufbauen hilft, die alle zu ihrem Menschenrecht kommen lässt. Sie kann sich nicht damit begnügen, passiv zuzuschauen und zum Unrecht zu schweigen. Wenn sie den Verlauf der Ereignisse nur beobachtet, verliert sie ihr Existenzrecht.

In der Zeit des Nationalsozialismus geht Karl Barth nach seinem Vermögen gegen das Unrecht des Dritten Reiches vor. Gegen die „Deutschen Christen", die eine nationalsozialistische Kirche anstrebten und in der Ideologie des Nationalsozialismus eine Quelle kirchlicher Verkündigung sahen, gründet Karl Barth mit anderen Theologen die „Bekennende Kirche". In der wesentlich von Karl Barth verfassten Barmer Theologischen Erklärung („Barmer Bekenntnis“), der Gründungsurkunde der Bekennenden Kirche, heißt es im 1. Artikel: „Jesus Christus ist das eine Wort Gottes, das wir zu hören, dem wir im Leben und Sterben zu vertrauen und zu gehorchen haben. Wir verwerfen daher die falsche Lehre, als könne die Kirche als Quelle ihrer Verkündigung außer und neben diesem Wort Gottes auch noch andere Ereignisse, Mächte, Gestalten und Wahrheiten als Gottes Wahrheit erkennen.“

Im Sinne dieses Bekenntnisses verurteilt Karl Barth das Schweigen der Kirche gegenüber der Judenverfolgung durch den Nationalsozialismus und die Einführung des „Arierparagraphen“, wonach auch innerhalb der Kirche Judenchristen keine Ämter ausüben durften.

Wegen seines Protestes gegen das nationalsozialistische Unrecht verliert Karl Barth seine Stellung als Theologieprofessor in Bonn. Er muss als Schweizer Staatsbürger in die Schweiz zurückkehren. In Basel tritt Karl Barth eine Professur für systematische Theologie an, die er bis 1962 inne hat. Seine Forderung, dass Kirche sich in die Politik einzumischen habe, geht so weit, dass die Kirche in bestimmten Notsituationen ein gewaltsames Widerstandsrecht gegen den Staat habe. In diesem Sinne schließt sich der evangelische Theologe Dietrich Bonhoeffer dem aktiven Widerstand gegen das NS-Regime an, der am 20. Juli 1944 zum Attentat auf Adolf Hitler durch Claus Schenk Graf von Stauffenberg führt. Bonhoeffer wird deshalb von der Gestapo verhaftet und noch im März 1945 hingerichtet.[23]

Weiterhin fordert Barth in einem Brief die Protestanten in Frankreich zum Widerstand gegen Hitler auf. Eine Kirche, die sich nicht gegen diese Diktatur zur Wehr setze, verliere ihr Existenzrecht. Und die sich bildende Bewegung „Freies Deutschland" in der Schweiz unterstützt er und tritt ihr Anfang 1945 als Mitglied bei. Zusammen mit deutschen Antifaschisten, Sozialdemokraten und Exilkommunisten konzipiert er eine freie sozialistische Neuordnung für ganz Deutschland.

Auch nach dem Krieg engagiert sich Karl Barth politisch. Er wendet sich gegen die Politik der Restauration und gegen die Wiederaufrüstung in Westdeutschland. Er tritt für eine Versöhnung mit allen ein, die das Hitlerregime unterstützt hatten. In diesem Sinne kämpft Karl Barth in der Nachkriegszeit gegen Hass und Rache und wirbt für eine Solidarität mit dem besiegten Deutschland.

Als 1948 die Weltkirchenkonferenz in Amsterdam stattfindet, hält Barth das Hauptreferat. U.a. sagte er dort: „Inmitten dieser Unordnung Gottes Reich als das Reich der Gerechtigkeit und des Friedens anzuzeigen, das ist der prophetische Auftrag der Kirche."

---

[23] Dagegen ist bezeichnend, wie die damalige evangelische Kirche auf das Gebot im Römerbrief, der Obrigkeit untertan zu sein, fixiert war. Noch nach dem Krieg wird der Widerstand Bonhoeffers als Ungehorsam gegen die von Gott gesetzte Obrigkeit abgelehnt und verurteilt.

VIII. Wie sich die Theologie ändern muss

Wie muss sich die Theologie ändern, damit die Gerechtigkeit Gottes eine Gerechtigkeit für die Welt wird? Zu den Theologen der Nachkriegszeit, die mir während meines Studiums und danach geholfen haben, die Gerechtigkeit Gottes neu zu verstehen, gehört vor allem Dorothee Sölle.[24] Auch sie setzt sich mit ihrer Theologie dafür ein, dass Gottes Gerechtigkeit eine Gerechtigkeit für die Welt wird. Kirche soll das Reich Gottes als gegenwärtige Hoffnung auf eine Veränderung der Welt verkünden und leben. Die Notwendigkeit, warum sich Theologie heute ändern muss, sieht Sölle in der Bedrohung unserer Welt. Zum einen drohe unserer Welt die atomare Vernichtung. Damals wurde im Zuge der atomaren Abschreckungsstrategie der so genannte "NATO-Doppelbeschluss" im Bundestag gefasst, der vorsah, auf dem Boden der Bundesrepublik Atombomben zu lagern und dafür Raketenabschussrampen zu bauen. Eine andere Bedrohung sieht Dorothee Sölle in der Vergewaltigung der Natur und Zerstörung unserer Umwelt durch die industrielle Ausbeutung. Und nicht zuletzt sieht sie den Krieg gegen die Armen in den Entwicklungsländern, ihre wirtschaftliche Ausbeutung und Unterdrückung.

In welcher Weise muss sich angesichts dieser Bedrohungen theologisches Denken verändern, damit auch die

---

[24] Ich beziehe mich hier auf ihre Bücher „Stellvertretung", „Lieben und Arbeiten" und „Hinreise".

Kirchen sich gegen dieses Unrecht zur Wehr setzen? Religiosität kann heute nicht mehr in einem naiven Gottvertrauen bestehen, sondern es gilt neue „Lebensformen des Glaubens“ zu entwickeln.

1. Zum einen ist für Sölle die Frage entscheidend, was unter dem Reich Gottes zu verstehen ist. Wo ist das Reich Gottes? Wo findet es statt?[25] In der theologischen und kirchlichen Tradition geht es um ein Reich im Himmel, um ein jenseitiges Reich, das uns nach dem Tod oder am Ende der Welt erwartet. Diese Hoffnung auf Gottes Reich schließt keine Hoffnung für diese Welt ein, sondern überlässt die Welt den Zuständen und Mächten der Ungerechtigkeit, der Gewalt, des Unfriedens und der Unterdrückung.

Schon mit der Aufklärung wurde das Ende eines metaphysischen Gottesverständnisses eingeleitet. Seit es den „Himmel“ über uns im Sinne des ptolemäischen Weltbildes nicht mehr gibt, ist Gott heute nicht mehr als Herrscher im Himmel über uns vorstellbar. Gott ist keine Person im Sinne eines Königs oder Richters. Um Gott in unserer Zeit denken zu können, müssen wir erneut nach der Bedeutung der Gestalt Jesu für uns fragen.

Sölle wendet sich hier gegen ein sakramentales Verständnis des Opfertodes Jesu Christi.[26] Der sakramental

---

[25] D. Sölle, Stellvertretung, Stuttgart 1965, S. 7ff.
[26] D. Sölle, a.a.O., S. 157f.

verstandene Opfertod bezieht sich nur auf die individuelle Seligkeit. Er ist ohne Hoffnung für die gegenwärtige Welt. Dagegen gilt es zu sehen, dass in Christus Gottes Reich gegenwärtig ist.[27] Jesus Christus gibt sich für die Welt dahin und geht uns darin voraus. Er will uns zu selbständigen Söhnen und Töchtern Gottes werden lassen, die sich ebenfalls für die Welt hingeben. „Damit wird Christus der Beginn eines Lebens, in dem für Gott einsteht, wer für andere da ist."[28]

Oder: „Christus ist die Nachricht an die Welt über das wahre, wirkliche Leben, ein Leben in der Liebe!"[29]

2. Zum anderen kritisiert Sölle den traditionellen Schöpfungsglauben.[30] Nach dem traditionellen Schöpfungsdogma ist Gott der „ganz Andere", der von oben herrschende Gott, der dem Menschen die Herrschaft über die Tiere und Pflanzen überlässt und damit jenseits der Welt ist. Der biblische Gott der Schöpfung ist aber gleichzeitig der Gott der Befreiung. Der Exodusbericht in 2. Mose, die Befreiung des Volkes Israel aus der Versklavung in Ägypten, und der Schöpfungsbericht in 1. Mose 1, in dem der Mensch zum „Ebenbild Gottes" erklärt wird, sind beide auf die Befreiung des Menschen und sein Mit-Handeln gerichtet.

---

[28] D. Sölle, a.a.O., S. 171.
[29] D. Sölle, a.a.O., S. 182.
[30] S. D. Sölle, Lieben und Arbeiten, Stuttgart 1995.

Gott ist nicht jenseits der Schöpfung, sondern in der Welt. Das Wesen Gottes ist Beziehung. Nach Martin Buber war „am Anfang die Beziehung“. [31] Wie ist in dieser Hinsicht Gottes „Macht“ zu verstehen? Der traditionelle Theismus sieht Gottes Macht als Zwangsmacht, als autoritäre Macht von oben. Damit wird Gott der Gott des Patriarchats. Dagegen wäre Gottes Macht als „immanente Macht“ zu verstehen, die uns als Ruf zur Gerechtigkeit und Liebe mit Gott verbindet. Gottes Macht überzeugt und gewinnt uns. Wir können als „Ebenbilder Gottes“ partnerschaftlich mit Gott in Werken der Liebe und Gerechtigkeit zusammen arbeiten. Als Ebenbilder Gottes sind wir verantwortliche Haushalter der Schöpfung Gottes.

Geschaffen nach Gottes Bild, das bedeutet, dass wir eine schöpferische Kraft besitzen. Wir haben die Fähigkeit, füreinander zu leben und die Welt zu erneuern. Die Schöpfung geht auch durch uns weiter in einem fortgesetzten Prozess. In Jes 58,6-12 wird deutlich, was es heißt „Mit-Schöpfer Gottes“ zu werden: Die Fesseln der Ungerechtigkeit sprengen, die Hungrigen speisen, das Joch der Gefangenschaft zertrümmern. Gott loben wir nicht allein mit Gebeten und Liedern, sondern dadurch, dass wir für Gerechtigkeit eintreten und menschliches Leiden lindern.

---

[31] D. Sölle, a.a.O., S. 55 ff.

Was bedeutet es in diesem Zusammenhang von der „Sünde“ des Menschen zu reden? Im Protestantismus ist der Mensch auf Grund der „Erbsünde“ unfähig zum Guten. Alles was er tut, ist Sünde und bedarf der Rechtfertigung durch Gottes Gnade. Diesen theologischen Pessimismus gilt es zu überwinden. Der Mensch als Mit-Schöpfer Gottes ist nicht unfähig zum Guten.

Im Gegensatz zum traditionellen Sündenbegriff als Schuld vor Gott wäre „Sünde“ als Gottesferne, als Leere, zu verstehen. Der „Sünder“ ist der „kaputte Typ“, dessen Leben in der Oberflächlichkeit orientierungslos dahinläuft. Oder der „Sünder“ wäre auch der erfolgreiche Manager, der nur auf den Profit ausgerichtet ist und dabei seinen Mitmenschen und die Natur ausbeutet.[32]

Wenn die Sünde des Menschen nicht als generelle Zerstörung des Guten in ihm verstanden werden kann, dann gilt für sein Tun und Arbeiten, dass es nicht generell – wie die dialektische Theologie behauptet – unter der Sünde steht, sondern der Versöhnung mit der Natur, der Gerechtigkeit und dem Frieden dienen kann und immer wieder dient.

Wie aber steht es mit der Hoffnung, dass Freiheit und Liebe sich durchsetzen?

Im Mittelpunkt des christlichen Glaubens steht das Kreuz, die Niederlage Gottes auf Golgatha (und in

---

[32] D. Sölle, a.a.O., S. 96.

Auschwitz!). Aber ebenso glauben wir an die Auferstehung des Lebens aus dem gewaltsamen Tod. Bei aller Niederlage im Eintreten für Freiheit und Liebe gilt es, die Hoffnung auf die Kraft des Lebens – auf Gottes Zukunft zu setzen. Es ist eine Hoffnung gegen alle vergebliche Hoffnung. Diese Hoffnung überschreitet das Gegebene, die so genannten Sachzwänge. Sie wendet sich gegen die Stagnation und das Festhalten an dem, was ist. Ein Glaube an Gott, der nichts von Hoffnung weiß, ist kein Glaube!

3. Die Fragen, wie das „Reich Gottes" und die Welt als Schöpfung Gottes neu zu verstehen sind, beinhalten letztlich die Frage nach Gott überhaupt.

Wie kommt es zum Glauben an Gott?

In ihrem Buch „Die Hinreise" stellt Dorothee Sölle dar, dass Glaube an Gott einer inneren Erfahrung entspringt. Wie aber kommt es zur inneren Erfahrung Gottes? Wie geschieht die „Hinreise" zu Gott? Die Hinreise ist der Weg nach innen, der Weg heraus aus der Welt der Arbeit und des Konsumierens und hinein in die Verheißung eines anderen Lebens.[33]

Als Symbol für „Hinreise" bezieht sich Sölle auf die Geschichte von Elia am Horeb (1. Könige 19).[34]

---

[33] D. Sölle, Die Hinreise, Stuttgart 1975, S. 7ff.
[34] D. Sölle, a.a.O., S. 77.

Gott ist hier kein Objekt der Erkenntnis. Er ist auch nicht der autoritär herrschende Gott, der dem Menschen sein Gesetz auferlegt. Sondern es geht um die Erfahrung Gottes als dem „Eins-Sein mit dem All". Es geht um eine befreiende Erfahrung, die zu neuem verantwortungsbewussten Handeln ermutigt! Religion in dieser Gotteserfahrung knechtet den Menschen nicht. Sie ist ein befreiendes Geschehen. Sie befreit zu einem Glauben, der gegen Zerstörung anglaubt und zur Veränderung der Welt befähigt und beiträgt.

Die innere Erfahrung Gottes ist eine mystische. Sie geschieht durch meditative Versenkung. In ihr erfahre ich, dass ich gehalten bin.[35]

4. Ähnlich wie Dorothee Sölle geht Jörg Zink der Frage nach, worin der Glaube an Gott heute seine Wurzeln hat. In einer säkularisierten Welt kann Glaube an Gott nicht darin bestehen, dass der Mensch ein metaphysisches Weltbild zur Kenntnis nimmt und sich von einer überirdischen Macht abhängig fühlt. Sondern nach Jörg Zink kann die Verbindung zu Gott nur eine mystische sein.[36] Der Mensch erfährt Gottes Nähe unmittelbar, wie es z.B. der 139. Psalm zum Ausdruck bringt. Der „Himmel" ist die Nähe Gottes, die mich umgibt, aus der ich komme, in der ich lebe und in die ich zurückkehre.[37]

---

[35] D. Sölle, a.a.O., S. 91.
[36] J. Zink, Mystik, die Zukunft des Christentums, Stuttgart 1997.
[37] J. Zink, a.a.O., S. 91ff.

Nach Jörg Zink hat unsere Kirche seit der Reformation diesen mystischen Hintergrund, diesen Reichtum des Glaubens an Gott, vergessen bzw. ausgegrenzt. Mystische Gotteserfahrung war mit der Wort-Theologie Luthers nicht vereinbar. In ihr ist Gott der jenseitig richtende Gott, dessen Gnade ich durch den Opfertod Jesu Christi gewiss sein kann. Die Folge und „Armut" dieser auf das Jenseits ausgerichteten Wort-Theologie ist, dass das Christentum heute keine Sprache hat, mit der ein Mensch seine Gotteserfahrung und seine religiöse Unmittelbarkeit ausdrücken könnte.[38] Luthers Nein zur Mystik nahm der Kirche bis in die Gegenwart ihre lebendige Quelle, nämlich die Verbindung des äußeren Wortes, das ich lese oder das mir verkündigt wird, mit dem inneren Wort, das ich persönlich im Gebet als Auftrag oder Ermutigung erfahre und empfinde.

Einen mystischen Hintergrund sieht Jörg Zink vor allem in der Gottesverkündigung Jesu. Das „wunderbar Einfache" dieser Verkündigung Gottes ist dies, dass Jesus Gott als „Vater" glaubt und verkündet. „Jesus sagt: Du stehst zu Gott wie ein Kind zu seinem Vater. Verlass dich einfach auf ihn! In ihm bist du getragen und geborgen."[39] Wenn Mystik die Unmittelbarkeit ist, mit der ein Mensch Gottes inne wird und seine Nähe erfährt, dann hat Jesus in einzigartiger Weise eine „Vatermystik" gelebt. „Er ist

---

[38] J. Zink, a.a.O., S. 91ff.
[39] J. Zink, a.a.O., S. 101.

die menschgewordene Gottesunmittelbarkeit."[40] Er gibt sie weiter an die Menschen, die er in das Reich Gottes einlädt. Dieses Reich ist einerseits zukünftig, aber zugleich inwendig in uns und damit gegenwärtig. Es ist ein Reich Gottes der Seele.

Bei Angelus Silesius heißt es dazu: „Der Himmel ist in dir. Suchst du Gott anderswo, du fehlst ihn für und für."[41] Dem Reich Gottes in uns entspricht die heitere Sorglosigkeit, zu der Jesus uns auffordert: „Sorgt euch nicht um den kommenden Tag“ (Mt 6,25). So wie Gott die Lilien auf dem Feld kleidet und die Vögel unter dem Himmel ernährt, so können auch wir Menschen uns der unmittelbaren Fürsorge Gottes anvertrauen.

Der christliche Glaube sagt, dass Gott uns im leidenden und sterbenden Christus am nächsten kommt. Die Kreuzigung Jesu Christi ist aber für Jörg Zink nach mystischem Verständnis nicht als Sühnopfer vorzustellen. Vielmehr enthält sie die Botschaft, dass Gott im Leiden bei uns ist. Daher sind die Mystiker mitleidende Menschen. Sie stehen auf der Seite der Armen und Unterdrückten. Während die mit dem Staat verbundene Kirche immer wieder die Mächtigen vertritt, rufen die Mystiker die Kirche zur Sache. Sie rufen zurück zum Evangelium als einer Botschaft für die Armen, für die Benachteiligten und für die Leidenden.

---

[40] J. Zink, a.a.O., S.103.
[41] J. Zink, a.a.O., S. 120.

Nach Jörg Zink ist Mystik Entrückung in eine andere Welt, in die Welt Gottes, in seine Liebe und in seinen Frieden. In dieser Entrückung erfahre ich das innere Wort als Anweisung zu einem bestimmten Auftrag. Mystik ist Warten und Empfangen – damit wohnt ihr eine sozial-revolutionäre Kraft inne.

IX. Die Studie der EKD „Auf dem Weg der Gerechtigkeit ist Leben"

Wie sich unsere weltweit vernetzte ökumenische Kirche heute für eine Zukunft der Gerechtigkeit und des Friedens engagiert, beschreibt die Studie der EKD für nachhaltige Entwicklung vom Februar 2014 unter dem Titel „Auf dem Weg der Gerechtigkeit ist Leben".

Zunächst stellt sie fest: „Nachhaltige Entwicklung braucht Global Governance" – um dann auszuführen, wie sich unsere christliche Kirche in den Prozess einer Global Governance für eine gerechte Welt einbringen sollte bzw. das schon tut.

„Global Governance" bedeutet eine weltweite Zusammenarbeit und Steuerung von Regierungen und Organisationen mit dem Ziel einer gerechten und friedlichen Welt.

Diese Zusammenarbeit wird notwendig angesichts einer Globalisierung der Wirtschaft, die einseitig auf den finanziellen Gewinn ausgerichtet ist. Besonders sind es die reichen Industrieländer, die ihre wirtschaftlichen Interessen auf Kosten der armen Länder wahrnehmen und diese für ihre Zwecke ausbeuten. Als Folge dieser Wirtschaft wird die Natur mit ihren Rohstoffen ausgebeutet und durch

Abgase und Abfälle belastet. Das Klima wird geschädigt, und die Bodenschätze werden auf Kosten zukünftiger Generationen verbraucht. Dagegen bedarf es einer nachhaltigen Wirtschaft, die auch den Armen zugute kommt und das Klima schont. Mit Hilfe einer effektiven Global Governance-Architektur müssen Wirtschaft und Politik dahin gebracht werden, „einen nachhaltigen und menschenrechtsbasierten Entwicklungspfad einschlagen zu können" (S. 10).

Die Kirchen als weltweites ökumenisches Netzwerk sind ein wichtiger Faktor in dieser Global Governance. Der ökumenische konziliare Prozess für Gerechtigkeit, Frieden und Bewahrung der Schöpfung im Jahre 1980 war ein Beispiel für das Engagement der Kirchen im Sinne einer gerechten Welt. Es gilt nun, diesen ökumenischen Prozess für eine Wirtschaft im Dienste des Lebens fortzusetzen – und dies vor allem auch angesichts der Klimaveränderung und der „dramatischen Übernutzung der natürlichen Ressourcen" (S. 13). Die „Option für die Armen" muss dabei ein vorrangiges Ziel sein. Der neoliberalen Politik, die allein den internationalen Finanzinteressen zugute kommt, ist dabei entgegen zu wirken.

Die Aufgabe der Kirchen in diesem Prozess einer Global Governance wäre vor allem die Vermittlung von Werten. Der ehemalige Bundespräsident Johannes Rau umriss diese Aufgabe der Kirche bereits Mitte der 1990er Jahre mit den Worten: „Globalisierung gestalten kann nur, wer klare Wertvorstellungen jenseits des Wirtschaftlichen hat. (...) Dem Markt einen Rahmen zu geben und den Wettbewerb fair zu organisieren, das zählt zu den großen Kulturleistungen der Menschheit“ (S. 50).

Im Sinne dieser Wertevermittlung fordern insbesondre die Kirchen des Südens, dass Globalisierung im Dienste der Menschen stehen und sich im Einklang mit der Tragfähigkeit der Erde vollziehen muss.

Ebenso rief die Generalversammlung des Reformierten Weltbundes die Kirchen 1997 „zu einem engagierten Prozess der Erkenntnis, der Aufklärung und des Bekenntnisses im Hinblick auf wirtschaftliche Ungerechtigkeit und Umweltzerstörung“ auf (S. 52).

Die Vollversammlung des Ökumenischen Weltrates der Kirchen (ÖRK) 1998 in Harare fragte: „Wie leben wir unseren Glauben im Kontext der Globalisierung?“ Sie betonte, „dass alle Kirchen weltweit beginnen müssen, die Bedeutung und den Sinn christlichen Bekenntnisses in dieser Zeit zunehmender Ungerechtigkeit und ununterbrochener Umweltzerstörung zu bedenken“ (S. 52). Darauf folgte eine weltweite gemeinsame ökumenische Konsultation.

Die Generalsekretäre der Weltbünde der Kirchen und die Konferenz Europäischer Kirchen (KEK) richteten daraufhin einen gemeinsamen Brief an die westeuropäischen Kirchen und riefen sie auf, ihre Regierungen zu drängen, „einer grundlegenden Reform der internationalen finanziellen Rahmenordnung den Vorrang zu geben“ und dabei die tatsächlichen Bedürfnisse der Menschen stärker zu beachten (S. 52).

Auch die EKD betont in mehreren Verlautbarungen, dass eine Wirtschaft, „die die Spaltung der Bevölkerung in Bedürftige und Wohlhabende befördert, die den kommenden Generationen die Lebensgrundlage entzieht und das ökologische System gefährdet, nicht widerspruchslos hingenommen werden kann (S. 53).

Global Governance muss in diesem Sinne helfen, die notwendige Transformation unserer Weltgesellschaft zu steuern und zu organisieren.

Die dafür erforderlichen Werte und Leitbilder einzubringen, ist Aufgabe der Kirchen.

So bringt die EKD ihre biblisch abgeleiteten theologischen und ethischen Wertvorstellungen in den allgemeinen globalen Diskurs für eine „Wirtschaft im Dienste des Lebens“ ein.

Im Glauben an Gott als Schöpfer der Welt und des Menschen ist der Mensch Gottes Ebenbild. Damit sind die Würde und die Freiheit des Menschen begründet. Die Freiheit aber läuft ständig Gefahr, im Sinne des Rechts des Stärkeren missbraucht zu werden. Deshalb ist es notwendig, Ordnungsstrukturen zu entwickeln, die diesem Missbrauch der Freiheit entgegenwirken und die Bedürfnisse der Schwachen schützen.

Auch die Freiheit des Menschen, die Welt zu gestalten, wird aufgrund der Durchsetzung eigener Interessen oft missbraucht. Im Samuelbuch sind es die Könige, die von den Propheten ihres Machtmissbrauches wegen getadelt werden. In der Versuchungsgeschichte Jesu (Mt 4,8) tritt die Versuchung zum Missbrauch der Freiheit in der Gestalt des Versuchers auf, der Jesus in der Wüste entgegentritt und ihm die Herrschaft über alle Reiche verspricht, wenn er ihn anbetet.

Die in der Schöpfungsgeschichte verankerte Gottesebenbildlichkeit, die die unverlierbare Würde eines jeden Menschen zum Ausdruck bringt, ist in die „Allgemeine Erklärung der Menschenrechte" eingeflossen. Damit tragen Christen in besonderer Weise Verantwortung dafür, dass die Menschenrechte eingehalten und durchgesetzt werden.

Auch die „vorrangige Option für die Armen" ist eindeutig biblisch begründet: von den Propheten im Alten Testament, die den Schutz der Armen und Schwachen fordern, bis zum Neuen Testament, in dem Jesus sich im Gleichnis vom großen Weltgericht (Mt 25,31ff) mit den Schwachen identifiziert. „Frömmigkeit und soziales Handeln sind somit untrennbar untereinander verknüpft, Spiritualität und Engagement für Gerechtigkeit sind zwei Seiten der einen Medaille des christlichen Lebens“ (S. 58).

Die „vorrangige Option für die Armen“ wurde 1997 auch von einem gemeinsamen Wort des Rates der EKD und der Deutschen Bischofskonferenz aufgenommen. Darin heißt es: „In der Perspektive einer christlichen Ethik muss alles Handeln und Entscheiden in Gesellschaft, Politik und Wirtschaft an der Frage gemessen werden, inwiefern es die Armen betrifft, ihnen nützt und sie zu eigenverantwortlichem Handeln befähigt“ (S. 58).

In der „vorrangigen Option für die Armen“ geht es nicht nur um die Überwindung der extremen Ungleichheit der Einkommensverteilung, sondern auch um die schroffe Ungleichheit im Verbrauch von Ressourcen zwischen armen und reichen Ländern und zwischen Armen und Reichen innerhalb einer Gesellschaft. Damit die einen überleben können, werden die anderen ihren Verbrauch mindern müssen (S. 58).

X. Gerechtigkeit Gottes in meiner Amtsführung als Pastor

Zum Schluss frage ich mich, inwieweit mir die Gerechtigkeit Gottes als soziale Gerechtigkeit in meiner Amtstätigkeit als Pastor wichtig war.

Während der Zeit in meiner ersten Gemeinde entstand das starke Bedürfnis, über die normalen Amtshandlungen hinaus als Pastor auch gesellschaftlich-sozial tätig zu werden. Die Gemeindearbeit erschien mir zu eng und traditionsbelastet, zu sehr auf die individuelle Frömmigkeit bezogen.

Als mich diese Frage beschäftigte, erhielt ich das Angebot einer Stelle als Industriepastor im „Kirchlichen Dienst in der Arbeitswelt“ (KDA). Der KDA wurde in den 50er Jahren als „Brücke“ der Kirche in die Arbeitswelt eingerichtet. Durch Kontakte zu Betrieben und Gewerkschaften sollte die Fremdheit und Distanz der Kirche zum arbeitenden Menschen in der Industrie überwunden werden. Kirche sollte auch in der von der Kirche weitgehend entfremdeten Arbeitswelt die Probleme vor Ort kennen lernen und den Menschen dort die christliche Botschaft nahe bringen.

Nach einer Zusatzausbildung auf der Sozialakademie in Dortmund, auf der ich zusammen mit Betriebsräten und Gewerkschaftlern ein Kurzstudium in Sozialwissenschaften absolvierte, wurde ich 1972 Industriepastor im Nordbereich der Hannoverschen Landeskirche. Zusammen mit drei Sozialsekretären veranstalteten wir Tagungen für MitarbeiterInnen aus den umliegenden Betrieben und besuchten diese. Die Betriebsbesuche waren mir besonders wichtig, weil es hier zu persönlichen Kontakten zu Betriebsräten und Betriebsleitern kam. In den Betrieben bekamen wir auch Einblick in die konkrete betriebliche Arbeitswelt. Dabei interessierte mich die Frage nach dem „Menschsein am Arbeitsplatz". Wie wäre industrielle Arbeit so zu gestalten, dass der Arbeitnehmer nicht nur ein Funktionsteil im industriellen Ablauf ist, sondern seine Arbeit auch mitverantwortlich gestalten kann? Auf den Tagungen wurden zunächst mehr allgemeingesellschaftliche Themen verhandelt. Später haben wir für Mitarbeiter aus den Betrieben auch Tagungen im Rahmen des Bildungsurlaubsgesetzes durchgeführt und hier die Frage nach dem „Menschsein am Arbeitsplatz" thematisiert. In den Gesprächen am Abend wandten sich Teilnehmer auch mit persönlichen Fragen an mich als Pastor. Ich erfuhr dabei, dass mein Beruf auch gerade für diese der Kirche weitgehend entfremdeten Menschen interessant und wichtig war.

Fünf Jahre habe ich als Industriepastor im KDA gearbeitet. Aus persönlichen Gründen übernahm ich 1978 wieder die Pfarrstelle in einer Gemeinde, und zwar im Hamburger Stadtteil Wilhelmsburg, der traditionell einen Ruf als Arbeiterstadtteil hatte. Ich hoffte, dort etwas von dem, was mir als Industriepastor wichtig geworden war, auch als Gemeindepastor einbringen zu können.

Dies hatte ich vor Augen, als ich 1981 die erste Pfarrstelle in Wilhelmsburger Emmaus-Gemeinde übernahm. Neben der traditionellen Gemeindearbeit (Gottesdienst, Amtshandlungen, Konfirmandenunterricht mit den dazu gehörenden Gemeindebesuchen) waren es zwei gesellschaftliche Probleme, die mich herausforderten: Zum einen war damals in Wilhelmsburg eine große Zahl vor allem türkischer Gastarbeiter zugezogen. Sehr bald erfuhr ich die starke Ablehnung gegenüber „den Ausländern“ auch gerade in meiner Gemeinde. Was war hier zu tun? Wie konnte es zu mehr Verständnis gegenüber den Gastarbeitern kommen? Zusammen mit einigen Freunden haben wir damals den deutsch-ausländischen Freundeskreis gebildet. Mit Handzetteln („Dem Hass keine Chance“) haben wir für Verständnis geworben, haben ausländerfeindliche Sprüche an den Hauswänden übermalt und haben Vorträge zum Thema Islam und deutsch-türkische Kulturveranstaltungen im Gemeindehaus durchgeführt.

Später ist aus dem deutsch-ausländischen Freundeskreis ein christlich-islamischer Dialogkreis hervorgegangen, an dem sich Vertreter der in Wilhelmsburg tätigen Moschee-Vereine und der evangelischen und katholischen Kirchengemeinden beteiligen. Man trifft sich etwa vierteljährlich, um über aktuelle Fragen miteinander zu reden.

Zum anderen forderte mich die damals stark anwachsende Arbeitslosigkeit in Wilhelmsburg heraus. Werften und andere Betriebe im Hafen, in denen viele Wilhelmsburger beschäftigt waren, mussten schließen. Ich war der Meinung, dass wir als Kirchengemeinde hier ein Zeichen setzen sollten und schlug unserem Kirchenvorstand die Einrichtung einer Arbeitsloseninitiative im Gemeindehaus vor. Der Kirchenvorstand war einverstanden, und es bildete sich zunächst eine Selbsthilfegruppe, die von einer aus ABM-Mitteln finanzierten Sozialpädagogin geleitet wurde. In ihr konnten sich Arbeitslose über ihre Probleme austauschen und beraten lassen.

Aus der Selbsthilfegruppe wurde bald ein Verein, der es sich zur Aufgabe machte, Beschäftigungsprojekte für Arbeitslose auf den Weg zu bringen. Eine Fahrradwerkstatt und eine Kleiderkammer wurden zunächst in unseren kirchlichen Räumen eingerichtet. Später, als das Sozialgesetzbuch II (SGB II, landläufig Hartz-IV-Gesetz genannt) beschlossen wurde, erhielten wir die Möglichkeit, Arbeitslose als Aktivjobber in Beschäftigungsgelegenheiten, sog. Ein-Euro-Jobs, zu beschäftigen. Die anfallenden Kosten für Anleitung, Mieten und Fahrzeuge bekamen wir aufgrund dieses Gesetzes von der Agentur für Arbeit finanziert. Wir konnten nun weitere Beschäftigungsprojekte auf den Weg bringen. Nachfolgerin der Kleiderkammer wurde die Wilhelmsburger Tafel, die wir ab 2002 im dafür gepachteten so genannten „Alten Deichhaus“ unterbrachten. Dazu kamen weitere Projekte, in denen wir während unserer besten Zeit über 180 Arbeitslose beschäftigen konnten.

Diese Ausweitung unserer Beschäftigungsprojekte geschah, als ich schon pensioniert war und daher Zeit hatte, mich als Vorstandsvorsitzender der AIW e.V. um diese Projekte zu kümmern. Wichtig war mir, dass die Projekte einen Sinn für die Menschen im Stadtteil hatten: Die Wilhelmsburger Tafel sammelte nicht mehr verkäufliche Lebensmittel von Geschäften ein und verteilte sie an bedürftige Familien und Rentner. Die Wilhelmsburger Möbelhilfe sammelte gespendete Möbel und gab sie für ein geringes Entgelt an bedürftige Menschen. In der Fahrradwerkstatt wurden Beschäftigte angeleitet, Fahrräder zu reparieren und nicht mehr gebrauchte Fahrräder aufzuarbeiten, um sie preiswert an Geringverdiener weiterzugeben. Im Computerprojekt wurden unter Anleitung Computer repariert und gebrauchte Computer an Interessierte weitergeben. Im Betreuungsprojekt halfen unsere Beschäftigten alten und behinderten Menschen bei ihren Einkäufen, leisteten ihnen Gesellschaft und gingen mit ihnen spazieren. Im Stadtteilpflegeprojekt sorgten unsere Beschäftigten für die Sauberkeit der Grünanlagen. Alle diese Projekte hatten auch einen ökologischen Sinn, indem sie dazu beitrugen, dass noch verwendungsfähige Güter nicht im Müll landeten, sondern eine neue Verwendung fanden.

Im Jahr 2008 wurde dann unter Beteiligung der beiden evangelischen Kirchengemeinden Wilhelmsburgs eine eigenständige Projektgesellschaft als sozialer Träger in Form einer gemeinnützigen GmbH gegründet.

Wichtig war mir vor allem, dass Menschen, die seit längerem ohne Beschäftigung waren, wieder eine sinnvolle Tätigkeit fanden und in einer Arbeitsgemeinschaft eingebunden waren. Immer wieder hörte ich von unseren Beschäftigten, wie wichtig ihnen diese Arbeit sei – und das nicht so sehr wegen des (geringen) Geldes, das sie zusätzlich zu ihrem Arbeitslosengeld II bekamen, sondern vor allem deshalb, weil ihnen jetzt nicht mehr „die Decke auf den Kopf" fiel. Die Arbeit füllte ihr Leben aus und gab ihnen einen neuen Sinn. Wie wichtig für sie die Arbeit war, merkte ich u.a. daran, dass sie im Projekt auch dann weiter arbeiten wollten, wenn die Zeit ihres Ein-Euro-Jobs vorbei war und sie für ihre Arbeit keinen Hinzuverdienst mehr bekamen.

Ebenso wichtig war mir, die Beschäftigten soweit wie möglich in die Mitverantwortung für das jeweilige Projekt einzubinden. Einmal monatlich lud ich Vertreter der Projekte zu einer Besprechung ein, in der wir uns über den Erfolg oder die auftretenden Schwierigkeiten austauschten.

Für die Fahrrad- und Computerwerkstatt bekamen wir bald keine Ein-Euro-Stellen mehr bewilligt, weil das Arbeitsamt der Meinung war, dass diese Werkstätten zum ersten Arbeitsmarkt gehörten. Wir haben deshalb auf Vorschlag des Diakonischen Werkes für diese damals drei Werkstätten eine Genossenschaft gebildet. Auch hier war mir die Mitverantwortung der Mitarbeiter, die Genossen wurden, wichtig. Außerdem benötigt eine Genossenschaft als Grundkapital nur die Einlagen der Genossen, während für eine GmbH als Stammkapital 25.000 Euro erforderlich gewesen wären.

Immer wieder stellte sich für mich die Frage, inwieweit ich mich auf die Mitarbeiter verlassen konnte. Oft musste ich mich damit auseinander setzen, dass Beschäftigte unzuverlässig waren, sich persönlich bereicherten oder ihre Stellung im Projekt missbrauchten, um Schwächere zu demütigen. Inwieweit konnte ich vertrauen? inwieweit musste ich kontrollieren?

Für mich war trotz vieler Enttäuschungen das Vertrauen wichtiger als die Kontrolle, die ich aus zeitlichen Gründen auch gar nicht bis ins Einzelne durchführen konnte.

Sehr dankbar bin ich für die viele Hilfe, die ich von Freunden als Beratung und in Form von Spenden über Firmen erfahren habe.[42]

---

[42] Besonders gefreut habe ich mich darüber, dass mir im vergangenen Jahr für mein Engagement das Bundesverdienstkreuz verliehen worden ist.

Leider währte der Erfolg unserer Projekte nicht lange. Das Arbeitsamt bewilligte uns im Jahre 2012 keine Aktiv-Job-Stellen mehr. Dies wurde damit begründet, dass wir als Arbeitsloseninitiative nicht genügend Beschäftigte in den ersten Arbeitsmarkt vermittelten. Während mir, wie gesagt, die Beschäftigung der Arbeitslosen wichtig war, ging es dem Arbeitsamt vor allem darum, dass die Beschäftigungsprojekte mit ihrer Arbeit Arbeitslose „fit" für den ersten Arbeitsmarkt machten. Was sie taten, war den Herren vom Arbeitsamt ziemlich egal. Hauptsache: die Vermittlungsquote stimmte und die Zahl der Arbeitslosen ging zurück.

Damit, dass wir keine Stellen mehr bewilligt bekamen, blieb auch das Geld zur Finanzierung unserer Projekte aus. Allein mit dem Erlös aus der Arbeit konnten wir die Mieten für die Gewerberäume, die Kosten für die Fahrzeuge, für die Anleitung der Beschäftigten und für die Gesamtverwaltung nicht finanzieren. Wir mussten daher den Großteil unserer Projekte einstellen und die Trägergesellschaft, die gGmbH, liquidieren. Das führte zu einem großen finanziellen Verlust, der glücklicherweise von den Gemeinden, die Mitglieder in unserem Verein und Gesellschafter der gGmbH waren, getragen wurde.

Übrig geblieben ist die Wilhelmsburger Tafel im Deichhaus. Hier arbeiteten die MitarbeiterInnen bis auf die Leitung ehrenamtlich. Da wir für das Deichhaus – weil gepachtet – keine Miete zu zahlen haben, reichen die

Einnahmen aus, um die Kosten für die Leitung der Wilhelmsburger Tafel, die Energiekosten und die Kosten für die Tafelbusse aufzubringen.

Auch die Fahrradwerkstatt konnten wir zunächst weiterführen. Inzwischen haben die Beschäftigten die Werkstatt übernommen und sind in ihr selbständig und eigenverantwortlich tätig.

Inwiefern habe ich in der Arbeitsloseninitiative mit ihren Projekten und der Beschäftigung von Arbeitslosen eine kirchliche Aufgabe gesehen?

Die zentrale kirchliche Aufgabe im Sinne der Gerechtigkeit Gottes, die gleichzeitig eine Gerechtigkeit für die Welt ist, sehe ich in der Verkündigung, die sich an eine Welt richtet, in der die Starken und Tüchtigen im „Lichte stehen“, während die Schwächeren „im Dunkeln leben“ (Bert Brecht) und nicht gesehen werden. In unserer Verkündigung muss deutlich und verstehbar werden, dass auch gerade die Schwachen und Benachteiligten von Gott her angesehene und geliebte Menschen sind. Der leidende und am Kreuz geschmähte Christus ist nicht der Erfolgsmensch, sondern der Mensch, in dessen Schwäche Gott mächtig werden will. Nach dem Bilde Jesu Christi sind wir von Gott her gerade auch in unserer Schwachheit angenommen.

Inwiefern benötigen wir den Glauben an Gott im Zeichen des gekreuzigten Christus, damit Gerechtigkeit sich durchsetzt? Dem Einsatz für Gerechtigkeit ist ja kein

Erfolg in wirtschaftlichem Sinne beschieden. Er verlangt den Einsatz und das Opfer an Zeit und Kraft. Oft genug scheint dieser Einsatz zum Misserfolg verurteilt. Wer in unserer leistungsorientierten Gesellschaft nach oben kommen oder vorankommen will, wird seine eigenen Interessen – oft auf Kosten der Schwächeren – durchsetzen. Angesichts dieser Anfechtung befreit uns der Glaube an den gekreuzigten Christus vom Erfolgsdruck und von der Angst, zu kurz zu kommen. Der Glaube an die Rechtfertigung durch Gott lässt uns auch dann Menschen der Liebe und der Gerechtigkeit bleiben, wenn andere den Kopf über uns schütteln. Im Scheitern unseres Tuns, in der Erfahrung von Vergeblichkeit steht Gott an unserer Seite. Und im Zeichen des auferstandenen Christus werden wir von der Hoffnung getragen, dass Liebe und Gerechtigkeit sich durchsetzen. Wir empfangen die Kraft zu neuem Anfang.

Wie eine gerechte Welt aussehen sollte, kommt in der Erklärung der Menschenrechte zum Ausdruck.. Sie wurde von den 1948 gegründeten Vereinten Nationen (UNO) verabschiedet. In ihren 30 Artikeln heißt es u.a: „Alle Menschen sind frei und gleich an Würde und Rechten geboren. Sie sind mit Vernunft und Gewissen begabt und sollen einander im Geiste der Brüderlichkeit begegnen" (Art. 1). „Jeder hat das Recht auf Leben, Freiheit und Sicherheit der Person (Art. 3). „Alle Menschen sind vor dem Gesetz gleich und haben ohne Unterschied Anspruch auf gleichen Schutz durch das Gesetz“ (Art. 7). „Jeder hat das Recht auf einen Lebensstandard, der seine und seiner Familie Gesundheit und Wohl gewährleistet, einschließlich Nahrung, Kleidung, Wohnung, ärztliche Versorgung und notwendige soziale Leistung“ (Art. 25).

Schluss

Wenn wir Christen heute an das Kommen des Reiches Gottes im Sinne Jesu Christi glauben, hoffen wir auf eine Zukunft der Gerechtigkeit und des Friedens – an eine Zukunft, die jetzt, in der Gegenwart, bereits ihren Anfang nimmt.

Unsere Welt muss nicht so bleiben, wie sie ist. Aus Krieg kann Frieden werden. Armut, Hunger und Unterdrückung können ein Ende finden. Eine Welt des Friedens und der Gerechtigkeit ist möglich.

Literaturverzeichnis

EKD-Studie „Auf dem Weg der Gerechtigkeit ist Leben“, Hannover 2014.

Karl Marx, Zur Kritik der hegelschen Rechtsphilosophie, in: Quellenbuch zur Kirchengeschichte III – Vom Beginn des 19. Jahrhunderts bis zur Gegenwart.

Helmut Lahrkamp, Das Drama der Wiedertäufer, Münster 2004.

Religiöse Sozialisten, Dokumente der Weltrevolution, Olten 1976.

Heinz Schilling, Martin Luther, München 2012.

Dorothe Sölle, Stellvertretung, Stuttgart 1965.

Dorothee Sölle, Lieben und Arbeiten, Stuttgart 1985.

Dorothee Sölle, Hinreise, Stuttgart 1975.

Ulrike Streraht-Bolz, Thomas Müntzer, Berlin 2014.

Jörg Zink, Dornen können Rosen tragen, Stuttgart 1997.

Jörg Zink, Mystik, die Zukunft des Christentums, Stuttgart 1997.

Informationen zu den Kapiteln „Gerechtigkeit im kirchlichen Handeln der Diakonie“ bzw. zum Thema

„Wichern“, zur „Befreiungstheologie“ und zu „Karl Barth“ habe ich dem Lexikon „Religion in Geschichte und Gegenwart“ (RGG), Tübingen 1962, entnommen.

In den Kapiteln „Die prophetische Forderung der Gerechtigkeit Gottes“ und „Gerechtigkeit Gottes in der Verkündigung Jesu und in der frühen Kirche“ beziehe ich mich auf mein Buch „Herkunft und Entwicklung des Glaubens an Gott“.

Weitere Bücher im *STEINMANN VERLAG*

Hildebrand Henatsch
Herkunft und Entwicklung des Glaubens an Gott
Ein Streifzug durch Bibel und Theologiegeschichte
2014. 164 Seiten. Paperback. € 16,80.
ISBN 978-3-927043-56-5

Hildebrand Henatsch
Jesus Christus – Provokateur zum Leben
2010. 94 Seiten. Paperback. € 12,80.

Christoph Huppenbauer
Vergebung – Zumutung des Glaubens
Herausforderung für kirchliches Handeln
2014. 76 Seiten. Paperback. € 9,80.
ISBN 978-3-927043-61-9

Jürgen Wehrs
Otto Stockhausen
2016. 132 Seiten. Paperback. € 18,80.
ISBN 978-3-927043-69-5

Peter Godzik
Von Worten, Sternen und anderen Kostbarkeiten
2016. 164 Seiten. Paperback. € 19,80.
ISBN 978-3-927043-66-4

Christa Möbius
Die Sammler der Erinnerung
2016. 84 Seiten. Paperback. € 9,80.
ISBN 978-3-927043-60-2

Knud Eike Buchmann
LebensWeise
2016. 160 Seiten. Paperback. € 19,80.
ISBN 978-3-927043-65-7

Frank Kürschner-Pelkmann
Babylon – Mythos und Wirklichkeit
2015. 240 Seiten. Paperback. € 24,80.
ISBN 978-3-927043-65-7

Peter Stolt
Matthäus und seine Jesusgeschichten
Ausgewählte Abschnitte aus dem Evangelium
2015. 200 Seiten. Paperback. € 17,80.
ISBN 978-3-927043-64-0

Peter Godzik
Der Weg ins Licht
Ein Lesebuch zu letzten Fragen des Lebens
2015. 236 Seiten. Paperback. Mit Farbabbildungen von Sabine Schellhorn. € 24,80.
ISBN 978-3-927043-63-3

Ricarda Thaler
Gehe zu den Sternen
Mit Originaltexten von Eva Thaler
2014. 408 Seiten. Paperback. € 19,80.
ISBN 978-3-927043-57-2

Franco Rest und Gisela Rest-Hartjes
Schwere-Stunden-Poesie
Gedichte und Poetik im Angesicht des Todes und anderer Krisen
2014. 204 Seiten. Paperback. € 22,80.
ISBN 978-3-927043-58-9

Ingo Sperl
In Teufels Küche
Leben mit einer chronischen Krankheit und ihren Folgen.
Mit einem Nachwort von Sigrid Klimbingat
2014. 232 Seiten. Paperback. € 19,80.
ISBN 978-3-927043-59-6

Christa Möbius
Das Nest im Feigenbaum
Die frühe Gemeinde Jesu in Kapernaum
2013. 100 Seiten. Paperback. € 11,80.
ISBN 978-3-927043-53-4

Franco Rest und Gisela Rest-Hartjes
Schwere-Stunden-Poesie
Gedichte und Poetik im Angesicht des Todes und anderer Krisen
2014. 204 Seiten. Paperback. € 22,80.
ISBN 978-3-927043-58-9

Peter Godzik (Hg.)
Die Kunst der Sterbebegleitung
Handbuch zur Begleitung Schwerkranker und Sterbender
2013. 182 Seiten. Paperback.
Mit diversen Farbabbildungen – u.a. von Ferdinand Hodler. € 24,80.
ISBN 978-3-927043-48-0

Peter Godzik (Hg.)
Sterbebegleitung – herzlich und zugewandt
Mit zahlreichen praktischen Hilfen
2012. 176 Seiten. Paperback.
Mit diversen Farbabbildungen. € 22,80.
ISBN 978-3-927043-50-3

Peter Godzik (Hg.)
Trauernden nahe sein
Ein Lern- und Lebensweg
2011. 200 Seiten. Paperback.
Mit 25 Farbabbildungen. € 23,80.
ISBN 978-3-927043-46-6

Peter Godzik (Hg.)
Der eigenen Trauer begegnen
Ein Lebens- und Lernbuch
2011. 156 Seiten. Paperback.
Mit 25 Farbabbildungen. € 21,80.
ISBN 978-3-927043-45-9

Leitungshandbuch
Sei nahe in schweren Zeiten
Handreichung zur Vorbereitung von Ehrenamtlichen
in der Trauerbegleitung
Herausgegeben im Auftrag des Diakonischen Werkes Schleswig-Holstein und des Diakonischen Werkes Mecklenburg-Vorpommern von Peter Godzik in Zusammenarbeit mit Gerlinde Martins und Barbara Wilkens.
2011. 186 Seiten. CD-ROM.
Mit diversen Farbabbildungen. € 19,80.
ISBN 978-3-927043-49-7